STARTUP ACADEMY

DU MÊME AUTEUR

Service compris, avec Ralph Hababou et Dominique Xardel,
Editions L'Expansion - Hachette-Jean-Claude Lattès, Paris, 1986

Dinosaures & Caméléons, avec Ralph Hababou,
Editions Jean-Claude Lattès, Paris, 1991

Bienheureux les fêlés…, Editions Robert Laffont, Paris, 2003

Opération boomerang, Editions Ventana, Paris, 2013

Ne me dites plus jamais bon courage !, Editions Ventana, Paris, 2013

Tout va mal… Je vais bien !, Editions Ventana, Paris, 2015

Flashez le QR code ci-dessous pour accéder directement
aux extraits des différents livres de Philippe Bloch
et commander ses ouvrages

Philippe Bloch

STARTUP ACADEMY

Comprendre et s'approprier les secrets
d'une nouvelle génération d'entrepreneurs

POUR CONTACTER L'AUTEUR

 www.philippebloch.com

Par courrier :
Philippe Bloch
4, avenue Hoche
75008 Paris – France

Par e-mail : philippe@philippebloch.com

Par téléphone : +33 9 50 78 36 32

Par fax : +33 1 48 74 57 02

 @philbloch

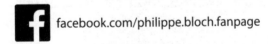 facebook.com/philippe.bloch.fanpage

Couverture/Illustrations : David Petraz
©2018 - VENTANA EDITIONS
4, Avenue Hoche - 75008 Paris - France

Aucune représentation ou reproduction, même partielle, autre que celles prévues à l'article L. 122-5 2° et 3° a) du Code de la propriété intellectuelle ne peut être faite sans l'autorisation expresse de Ventana Editions ou, le cas échéant, sans le respect des modalités prévues à l'article L. 122-10 dudit code.

ISBN : 978-2-919728-29-9

*A tous ceux qui croient
en la puissance de leurs rêves.*

SOMMAIRE

Introduction.. 11

1/ Changer le monde... même un peu !.................. 31

2/ Allumer le feu... mais pas trop !..................... 51

3/ Faire plus avec moins................................... 63

4/ Accepter l'incertitude................................... 81

5/ Echouer souvent... mais vite !........................ 91

6/ Data is king... 107

7/ Les valeurs avant les process......................... 121

8/ Travailler « avec » et non plus « contre »......... 139

9/ L'humain n'a pas dit son dernier mot............... 151

10/ « J'optimisme » et j'incarne......................... 163

11/ Tout n'est pas bon dans la startup................. 171

12/ Place au management « intrapreneurial »....... 201

Conclusion... 217

Introduction

> *« Le succès est une invitation à s'endormir. »*
> Bernard Darty

Introduction

Startup : mot féminin en sept lettres objet de tous les fantasmes et de tous les rêves dans un monde en mutation accélérée. Star médiatique, parfois surgie de nulle part et capable d'apporter avec peu de ressources dans un contexte de grande incertitude une réponse rapide et disruptive à un besoin existant, mais jusqu'alors mal adressé. Structure hiérarchique plate et innovante, à la recherche d'un *business model* récurrent et *scalable* (grandir très vite, dans le jargon fétiche de la planète startup) permettant de lever des fonds et de tailler des croupières aux acteurs les plus anciens. Bande de rêveurs sympathiques qui veulent changer le monde, mais dont une infime minorité y parvient vraiment. Jeune entreprise ambitieuse et agile visant une croissance forte sur un temps très court en utilisant le levier des technologies numériques (mais pas seulement). Equipe de *geeks* à l'affût de toutes les tendances, se donnant pour objectif de trouver des solutions durables et originales aux problèmes générés par des entreprises vieillissantes ayant négligé depuis trop longtemps le client qui les fait vivre. Barbares talentueux ayant pour obsession de dénicher les innovations d'usage auxquelles personne n'avait pensé avant eux, et dont aucun Comex constitué de brillants esprits diplômés n'avait envisagé la possibilité. Entreprise de croissance peuplée de *hipsters* qui naviguent dans les coulisses du futur et ne survit que par sa capacité à innover par l'amélioration continue de l'expérience utilisateur (UX pour *User eXperience*). « Chasseurs de papillons » (expression favorite d'Augustin Paluel-Marmont, co-fondateur de Michel & Augustin) et détecteurs de signaux faibles qui partent souvent d'une frustration personnelle pour créer un produit ou un service dont ils ont rêvé et dont ils seront les premiers clients (*Eating your own food*). Fabrique collaborative à nouvelles idées, nouveaux concepts, produits, services et marchés où l'usage de l'adjectif impossible est interdit. Machine apprenante acceptant de se remettre en cause à chaque étape de son histoire pour mieux s'adapter à son environnement. Lieu des plus folles utopies, nouvel horizon mobilisateur et remède miracle à tous les maux de la société. Chevauchée de cow-boys lancés à toute allure dans une nouvelle conquête de l'Ouest.

Quelle que soit la définition que l'on donne au mot startup, ce phénomène objet de tous les regards à travers le monde intrigue autant qu'il fascine ou inquiète, à mesure qu'il révolutionne les usages de notre quotidien. Aucun secteur d'activités n'échappe plus à ses attaques, semant un vent de panique dans la « vieille économie » et provoquant d'innombrables remises en cause au sommet des tours de La Défense autant que de Wall Street. Si aucune entreprise ne se pose plus désormais la question du « pourquoi » entamer ou accélérer sa transformation digitale (« disruptez ou soyez disrupté ! »), toutes s'interrogent sur le « quoi » accélérer, et plus encore sur le « comment » y parvenir. Car derrière le mot transformation se cache bien plus qu'un site web ou une présence sur les réseaux sociaux avec l'aide de quelques stagiaires recrutés parmi les *millennials*. Il s'agit d'une modification en profondeur de la culture de l'entreprise, son *business model*, son organisation en silos, ses priorités, ses valeurs, ses modes de travail, etc., afin qu'ils soient tous alignés sur une même vision inspirante.

Dans les livres d'histoire qui seront publiés au vingt-deuxième siècle, nul doute qu'aucun mot ne décrira mieux la folie qui s'était emparée de la planète business à la veille des années 2020 que les mots startup et Silicon Valley, lieu de tous les possibles. Grande, moyenne, petite, locale ou globale, techno ou vintage, peu importe, aucune entreprise n'envisageait plus alors de survivre sans adopter les codes d'un phénomène mondial qui redistribuait les cartes dans tous les domaines d'activité à une vitesse aussi effrayante qu'inédite. Le monde ne vibrait plus qu'aux mots étranges de Big Data, Océan Bleu, Intelligence Artificielle (IA), blockchain, industrie 4.0, API, chatbot, cybersécurité, MVP, POC, transhumanisme, *machine learning*, homme augmenté, capteurs, objets connectés, internet des objets (IoT), robotique, cobotique, cloud, réseaux sociaux, mobilité, connectivité, plateformes, algorithmes, *lean*, impression 3D, informatique quantique, réalité virtuelle, BitCoin, etc.

La multiplication des intitulés de postes exotiques que l'on découvre désormais dans les CV des *millennials* postés sur les sites d'annonces d'emplois tels que Startuponly suffit en tous cas à comprendre que nous avons changé d'époque : *business developer*, *growth hacker*, *community manager*, *customer success manager*, *lead dev full stack*, *content manager*, bras droit du big boss, UX et web designer, SEO manager (*Search Engine Optimization*), etc. Même les grands groupes s'y mettent, à l'image de la fonction de *Disruptive Activist* créée récemment par le Groupe Accor ou de celle de *Scrum Master*, qui commence à émerger !

Impossible dans ce contexte d'entrevoir le moindre avenir ou de lever le moindre euro sans prendre part à la grande révolution numérique, dont les principaux étendards s'appellent désormais Apple, Alphabet (Google), Microsoft, Amazon, Tencent, Alibaba Group et Facebook. Une liste extraite du classement des dix premières valorisations boursières mondiales en 2018 que nul n'aurait imaginé il y a seulement vingt ans, mais qui ne doit rien au hasard.

Au vingtième siècle (il y a une éternité, tant il parait déjà loin…), le monde était multipolaire. Il est devenu bipolaire, tournant autour des deux superpuissances que sont les Etats-Unis et la Chine, l'Europe se contentant trop souvent de faire de la figuration. Les entreprises géraient du temps long, et devaient affronter plusieurs challenges successifs. Elles doivent aujourd'hui réagir en permanence à une multitude de menaces et de ruptures simultanées de toutes sortes qui les empêchent de raisonner à long terme. L'innovation était une phase transitoire entre deux époques de stabilité. Elle avançait de façon séquentielle, en mode projet, avec un début et une fin et un budget alloué à sa mise en œuvre. Désormais pratiquée de façon beaucoup plus agile et intuitive, elle est devenue une obligation permanente pour toute entreprise soucieuse de sa survie.

Par ailleurs, le brouillard numérique est devenu si dense qu'il rend impossible toute forme de prévision. En matière d'éducation, par exemple. Au rythme actuel, bien malin celui qui pourrait imaginer à quoi ressemblera la vie de l'écolier français en 2100, et plus encore l'école qui sera chargée de sa formation, si tant est qu'elle existe encore d'ici là comme lieu physique. La technologie et le partage se substitueront-ils aux enseignants, à l'image de l'expérience de *pear-to-pear learning* menée avec succès par Xavier Niel depuis 2013 au sein de l'Ecole 42 ? Les *soft skills* (qualités humaines, intelligence émotionnelle, empathie, collaboration, charisme) prendront-ils définitivement l'ascendant sur les *hard skills* (compétences techniques, académiques, scientifiques, etc.) ? A l'heure où l'intelligence artificielle, déjà omniprésente dans nos vies, semble évoluer plus rapidement que notre cerveau biologique et s'apprête à rivaliser avec lui, le challenge est immense et passionnant.

Rien de ce qui nous fascine et transforme nos vies aujourd'hui n'aura probablement survécu en l'état dans un siècle, balayé décennie après décennie par de nouvelles vagues de découvertes passionnantes, de nouveaux Steve Jobs et de ruptures fracassantes. Notre ère sera-t-elle alors perçue comme un nouveau Moyen-Age, une Renaissance ou le début d'une apocalypse ? L'homme sera-t-il dépassé par la machine, à qui il aura confié tous les pouvoirs ? Le risque existe, et fait déjà l'objet de débats enflammés. Au fond, peu importe. Notre époque est ce qu'elle est. A mes yeux bien plus excitante et passionnante qu'inquiétante ou dangereuse. Elle sera surtout ce que nous en ferons, et chacun de nous peut et doit y contribuer. Dès à présent. Chaque jour. Avec gourmandise.

Si les grands groupes, ETI et PME d'aujourd'hui ont tous commencé par être des « startups » sans le savoir, tous rêvent de le redevenir. Notons ici que dans le même temps, les jeunes pousses ne pensent qu'à grossir et se structurer, selon une ironique inversion des priorités de chacun des deux mondes. Comment retrouver l'agilité et la créativité de leurs débuts ? Comment s'inspirer de ces micro-entreprises dirigées par des gamins d'autant plus agaçants qu'ils bénéficient d'un avantage extraordinaire, à savoir une maîtrise aussi intuitive que parfaite du web et des outils numériques avec lesquels ils sont nés, et dont le coût n'a cessé de baisser depuis dix ans ? Comment être ou redevenir *cool* ?

Jamais nos repères n'avaient tous été bousculés en même temps. Jamais dans l'histoire de l'humanité les jeunes générations n'avaient bénéficié d'un tel avantage stratégique et d'une telle longueur d'avance sur celles qui les ont précédées. Jamais autant d'argent n'avait été disponible dans le monde entier pour financer les entrepreneurs. Jamais un individu isolé n'avait eu la capacité de s'adresser à toute l'humanité par le seul miracle d'internet et des réseaux sociaux. Jamais le pouvoir de la jeunesse n'avait semblé menacer autant celui de l'expérience. Jamais la marche naturelle du monde et de la transmission n'avait ainsi été bouleversée. Jamais l'absence d'appartenance à une famille, une caste ou une classe sociale n'avait aussi peu handicapé la capacité à vivre ses rêves et à afficher ses ambitions. A l'heure du numérique, l'enfant enseigne à ses parents à qui il pose désormais moins de questions qu'il n'en pose à Google, et le collaborateur forme son supérieur hiérarchique. Ni le patron ni le chef de famille ne sont plus le point d'entrée de l'information, dont personne ne conserve le monopole. Chacun peut désormais prendre le contrôle de sa vie, démarrer avec les mêmes chances de succès que son voisin et partir à la conquête du monde.

Soit une inversion historique des rôles, extrêmement traumatisante pour quiconque n'appartient pas à la catégorie des *millennials*. En même temps qu'émergeait le concept d'entrepreneur du digital apparaissaient de nouveaux codes, règles, communautés, modes d'organisation, façons de travailler ou de manager, parfois difficiles à décrypter pour les non-initiés mais qui sont en train de s'imposer comme autant de nouveaux standards. Une véritable novlangue est née, porteuse d'un imaginaire, d'un patrimoine et de repères communs à une nouvelle génération de conquérants. Dans les bureaux du Silicon Sentier, de Berlin ou de Barcelone, imaginés par les mêmes décorateurs, on trouve désormais les mêmes posters affichant les mêmes citations des mêmes auteurs censées motiver les troupes. En réduisant les frontières entre vie professionnelle et vie personnelle (le fameux *Blurring*) et en important au bureau certains codes de la vie privée (notamment vestimentaires et mobiliers), les startups ont inventé un monde parallèle et branché, aux antipodes des sièges sociaux remplis de longs couloirs sinistres aux portes closes et aux costumes gris. Un séisme qui impacte déjà le marché de l'immobilier tertiaire, contraint de se réinventer pour répondre à des modes de travail jusque-là inédits.

A l'image d'extra-terrestres qui auraient créé leur propre planète et leurs propres rituels pour y planifier l'invasion de notre bonne vieille terre, ces entrepreneurs ont presque involontairement multiplié les obstacles et les mystères afin que personne ne vienne percer leurs secrets et menacer leur soif de conquête. Et une fois leurs armes mises au point, ils sont passés à l'attaque. Un secteur après l'autre. Un produit après l'autre. Un service après l'autre. Sans jamais redouter un seul instant que leur taille puisse être un obstacle face aux géants qu'ils avaient pris pour cibles. Un traumatisme que beaucoup d'héritiers du « vieux monde » ont mis du temps à digérer avant de se remettre en question, victimes de leur confort, leur cécité, leurs lourdeurs et leurs process. La bonne nouvelle est qu'il n'est pas trop tard pour se réinventer (d'innombrables exemples en attestent), mais le temps presse.

Sans doute le terme startup doit-il son succès en France à son apparente modernité anglo-saxonne, plus sexy que l'expression « jeune pousse » qui lui est régulièrement associée de ce côté-ci de l'Atlantique. De la même façon que le remplacement du mot patron par le terme entrepreneur (inventé à la fin du 18ème siècle par Jean-Baptiste Say, n'en déplaise à George W. Bush) a permis de réconcilier les Français avec ce personnage longtemps conspué et enfin respecté, la « startupisation » de l'économie fait briller les yeux de tous les dirigeants « traditionnels ».

Y compris politiques, dont certains rêvent de transformer la France en *Startup Nation*, nouveau paradis des FinTech, FoodTech, BioTech, GreenTech, EdTech, LegalTech, AssurTech et autres Techs en tout genre. Au point de fournir de puissants arguments à ceux de leurs opposants qui jugent scandaleux de vouloir manager un pays comme une entreprise, sans pour autant proposer de meilleur modèle.

En économie comme en toute chose, les mots ont de l'importance. N'est-il pas plus branché « d'adopter une startup attitude » que de vouloir « réorganiser » ou « transformer » son entreprise pour l'adapter aux dures lois de la mondialisation galopante, généralement synonyme aux yeux des salariés de suppressions d'emplois, réductions budgétaires, repli ou fermeture ? Plus *fun* de « réinventer son *business model* » que d'évoquer la nécessaire fermeture d'agences bancaires devenues inutiles à l'heure de la dématérialisation, ou de points de vente ringardisés par des licornes venues d'Asie ou d'Amérique ? Plus moderne de s'inspirer des *Digital Natives* plutôt que de reproduire les méthodes d'une armée de seniors aux abois, dépassés par les événements et la marche du monde ?

Après « Tous entrepreneurs ! » serait donc venu le temps du « Tous startuppers » ! Dans les sièges sociaux comme dans les usines ou les magasins ayant pour le moment résisté au rouleau compresseur Amazon, chacun est désormais prié de se réinventer pour ne pas programmer trop vite son enterrement, massacrant parfois au passage les règles d'or de la motivation. Car si le risque d'être dévoré par un lion lancé à votre poursuite vous poussera indiscutablement à courir plus vite, se contenter de brandir une menace léthale est rarement synonyme d'efficacité durable. La peur ne sert de moteur qu'à condition de savoir tracer en parallèle un avenir désirable, de la même façon qu'aucun objectif purement financier ne remplacera jamais la puissance d'un projet partagé.

La folie startup ne doit pourtant pas faire oublier la dure réalité. Celle des chiffres, d'abord. La plupart des jeunes pousses perdent de l'argent et ne passent pas le cap des cinq ans, le site 1001startups affirmant même que 90 % d'entre elles échouent avant cette échéance. De leur utilité réelle, ensuite. Encouragées par un écosystème devenu extraordinairement favorable à la levée de fonds, force est de reconnaître que nombreuses sont celles qui ne servent pas à grand-chose ni à grand monde, pas plus qu'elles ne réinventent véritablement un usage majeur ou ne grandissent vraiment. Quant aux Elon Musk et autres Jack Ma, ces nouveaux héros des temps modernes créateurs de licornes (terme popularisé par Aileen Lee pour désigner une *scale-up* ayant atteint ou dépassé une valorisation d'un milliard de dollars ou d'euros), ils ne se comptent guère que sur les doigts de deux mains dans le monde, plus de vingt-cinq ans après la naissance d'Amazon. Mais l'apport de tous ces créateurs en une décennie et le mode de fonctionnement de leurs entreprises méritent assurément d'être étudiés, afin de s'en inspirer et d'en conserver le meilleur.

C'est à ce voyage et à cet apprentissage que vous invite ce livre. Car de nombreux exemples attestent qu'une entreprise peut être grande ET rapide. Puissante ET agile. Complexe ET innovante. Vieille ET branchée. Il est possible de combiner le meilleur des deux mondes, à l'image du fameux « en même temps » cher au premier Président de la République française à avoir compris que seul l'esprit d'entreprise était capable de sortir notre pays d'une trop longue somnolence. L'esprit d'entreprise, voilà la clé. Et le véritable secret de la planète startup, qui en est l'incarnation la plus récente.

Gare en effet aux apparences ! Il ne suffit pas de copier les codes les plus visibles de ces nouveaux entrepreneurs pour en adopter l'esprit. Jean et T-shirt noirs, pieds nus face à deux cents banquiers et analystes en costume-cravate réunis dans un palace londonien. L'image a surpris autant qu'elle a secoué le CAC40, peu habitué à ce genre de provocations vestimentaires. La mise en scène imaginée en décembre 2014 par Sébastien Bazin, président d'Accor, pour illustrer sa nouvelle stratégie numérique, illustre parfaitement les dérives de ce que l'essayiste Steve Blank appelle la « théâtralisation de l'innovation », devenue monnaie courante dans les grands groupes soucieux de faire évoluer leur image. Si l'abandon progressif de la cravate dans des cénacles où le fait de ne pas en porter pouvait signifier la fin de votre ascension professionnelle est un indéniable progrès, se contenter de copier les codes les plus visibles de la nouvelle économie n'a jamais suffi à transformer une armée de bons soldats aux ordres en bataillons de « disrupteurs » compulsifs. Ni à transformer des hauts potentiels surdiplômés en champions de l'innovation, de la vitesse et des effets d'échelle. L'habit ne fait pas le moine, et un simple changement d'apparence vestimentaire ne suffira jamais à donner à des profils tous issus des mêmes parcours et des mêmes écoles (le désormais célèbre « homme blanc de cinquante ans ») le courage de questionner l'autorité et de se mettre en danger pour braver les interdits. Pas plus qu'à modifier un logiciel mental se nourrissant exclusivement de KPI's, PPT et autres tableaux Excel plutôt que de flair, d'intuition et de regard croisé ou décalé. Savoir s'extraire de l'urgence et prendre le temps de capter les signaux faibles sur le terrain avant les autres devient plus précieux que d'accumuler les seules compétences techniques. Et s'avère certainement plus efficace que l'installation d'un baby-foot à côté de la machine à café, ou venir au bureau en bermuda, sweatshirt à capuche et Stan Smith !

Comme nous allons le découvrir, et au-delà de la numérisation de tout ce qui peut l'être, le plus grand défi pour réussir la transformation digitale de votre entreprise consiste à mettre en œuvre un management « intrapreneurial ». Lequel répond à des principes simples mais exigeants, car nécessitant une profonde remise en cause de vos habitudes. Un intrapreneur est en effet un collaborateur autonome investi de tous les moyens pour prendre en toute liberté et le plus rapidement possible les meilleures décisions convenant à chaque situation à une époque de grande incertitude. Une sorte d'électron libre parfois agaçant, mais devenu indispensable à la survie de toutes les entreprises, quels que soient leur histoire, leur âge, leur taille ou leur secteur d'activité.

Mon objectif principal est qu'à la fin de ce livre, vous ayez pour ambition sincère de transformer réellement un maximum de vos collaborateurs en intrapreneurs, si vous êtes dirigeant d'entreprise. De penser, décider et agir comme un entrepreneur, si vous êtes un manager salarié ou l'un de ses collaborateurs. De grandir rapidement sans jamais renier vos valeurs ou trahir votre vision, si vous êtes un jeune créateur. Et que chacun d'entre vous puisse trouver régulièrement de nouvelles sources de croissance durable, tout en sécurisant et en pérennisant son activité actuelle. N'oubliez jamais qu'aucune entreprise n'échappe au risque de mourir à petit feu dès lors qu'elle grandit, se bureaucratise et cesse d'innover. Startup ou pas. Le défi est immense et passionnant. A l'image de notre époque.

Changer le monde...
même un peu !

> *« Les deux jours les plus importants de votre vie sont le jour où vous êtes né et celui où vous avez compris pourquoi. »*
>
> Mark Twain

Changer le monde... même un peu !

Préférez-vous dire le soir à vos proches que «vous rentrez du travail», ou que «vous avez fait quelque chose d'utile aujourd'hui»? Une chose est sûre, personne ne se lève avec enthousiasme le matin quand il ne sait ni à quoi, ni à qui il sert. Où est mon étoile du berger? Quel est le sens de mon action? Me procure-t-elle du plaisir, de la fierté, du bonheur, de l'excitation, de l'adrénaline? A qui profite mon activité? Quelle est son utilité sociale? Majeure, superficielle, inexistante? Si mon job était supprimé, quel serait l'impact de sa disparition sur mon environnement ou sur la société? Si je ne venais pas travailler demain matin, qui s'en apercevrait? Un nombre croissant d'entre nous se pose régulièrement ce type de questions, qu'il soit salarié, dirigeant ou entrepreneur. Jeune ou moins jeune. La quête de sens et le besoin d'émotion n'ont jamais autant influencé nos choix de vie. Au point parfois de nous rendre incapable de trouver une quelconque motivation dans un travail répétitif, sans liberté ni responsabilités, enjeux ou reconnaissance.

Les *burn-out* (épuisement professionnel) *bore-out* (ennui ou manque de travail, la hantise des *millennials*), *brown-out* (perte ou absence totale de sens au travail, lassitude face à la pression et aux absurdités de son entreprise) et autres *job strain* (stress professionnel) que l'on voit se multiplier sont-ils la conséquence directe de la perte de sens, dont un nombre croissant d'observateurs estiment qu'elle pourrait bien devenir la signature de notre époque si nous n'y prenons pas garde ?

Une réalité qui a donné naissance au concept de «*bullshit job*» inventé par David Graeber, professeur d'anthropologie à la London School of Economics. A ses yeux, « l'enfer est un ensemble d'individus qui passent la majorité de leur temps à accomplir une tâche qu'ils n'aiment pas et pour laquelle ils ne sont pas spécialement compétents ». Comment savoir si votre occupation professionnelle mérite ce qualificatif ? Suivez le guide ! En mai 2017, Graeber détaillait cinq catégories de *BS jobs* (que l'on pourrait traduire par emplois foireux ou merdiques). Les *Flunky* (faire-valoir), destinés à mettre en valeur un supérieur hiérarchique simplement parce qu'ils sont placés sous sa responsabilité, lui donnent de l'importance et lui confèrent un statut. Les *Goons* (littéralement «imbéciles»), qui existent parce que tous les concurrents en ont quelques-uns dans leur équipe et qu'il faut bien faire comme eux. Les *Duct Taper* (littéralement «ajusteurs de conduit»), dont le travail consiste à régler des problèmes qui n'existeraient pas si l'entreprise n'était pas aussi mal organisée. Les *Box Tickers* (cocheurs de case), qui permettent aux organisations d'affirmer qu'elles mènent des projets dans l'air du temps, sans aucune réalité concrète. Et enfin les *Task Masters* (maîtres d'ouvrage), le management intermédiaire dont le travail consiste à superviser des gens qui se débrouilleraient très bien tout seuls et à inventer en permanence de nouveaux *BS jobs* pour justifier leur existence. Soit autant d'occupations dont on peut légitimement se demander quel impact elles ont sur le mental et la dignité de celles et ceux qui les exercent.

Certes caricaturale, son analyse a le mérite de mettre en valeur l'un des enjeux les plus importants du travail dans les années à venir : la quête de sens. Sentir que ce que l'on fait a un impact, sur soi-même et sur les autres. Un besoin humain vital auquel répondent naturellement l'esprit d'entreprendre et la folle ambition de changer le monde, deux caractéristiques essentielles des startups. Le hasard veut que mon voisin de palier à New York soit devenu un conférencier star et une idole des startuppers pour avoir simplement rappelé au monde entier dans un best-seller que le sens de la vie tient en trois lettres : *WHY* ? Nul doute pour Simon Sinek, tout entrepreneur doit commencer par se poser la question du POURQUOI, prélude naturel au *how* (comment) et au *what* (quoi). A l'heure où la France s'interroge sur l'opportunité d'inscrire dans son Code Civil l'obligation de définir la raison d'être et l'utilité sociale d'une entreprise au-delà de sa performance économique, tout porte à croire qu'il a vu juste. Et qu'une entreprise n'ayant pas fait ce travail de réflexion ferait bien de s'y mettre au plus vite pour rester dans la course et continuer à embarquer ses équipes dans une vision inspirante. « La raison d'être est un bien partagé qui engage et aligne tout le monde », explique aux *Echos* Jean-Dominique Senard, président de Michelin et auteur d'un rapport sur le sujet avec Nicole Notat. « C'est quelque chose de profond. Dans le monde du travail, le sens et le pourquoi doivent nourrir en permanence la motivation, sans quoi on perd les gens. » Moteur pour l'action et boussole stratégique, la mission engage, donne du sens et facilite les choix de toute nature.

Une fois défini son WHY, on peut imaginer son MTP, ou *Massive Transformative Purpose*. Encore peu connu en France parce que difficile, voire impossible à traduire (ambition massivement transformante ?), ce sigle né outre-Atlantique pourrait bien être la première étape de votre nouvelle vie d'apprenti startupper. La fondation sur laquelle vous allez construire votre entreprise, ou entamer sa transformation. Mais de quoi s'agit-il exactement ? De la façon dont votre activité va changer la vie de vos futurs clients. Fréquemment issues de la frustration d'un entrepreneur ne trouvant pas sur le marché une offre répondant à ses propres besoins, les meilleures idées des startups naissent le plus souvent là où on ne les attend pas. Si le monde entier connaît aujourd'hui Uber, peu de gens savent que la révélation est venue à Travis Kalanick et Garrett Camp alors qu'ils cherchaient désespérément un taxi, un soir d'hiver glacial dans un Paris enneigé. Pourquoi ne pas créer une plateforme technologique regroupant des chauffeurs indépendants géolocalisés et offrant un maximum de services au meilleur coût ? Ou quand une frustration provoque un séisme mondial, au point de donner son nom à une époque ! Vouloir être le premier client de son produit ou de son service, comme l'ont fait Kalanick et Camp, ne garantit certes pas le succès, mais procure un avantage indéniable aux startuppers : une capacité hors du commun à trouver rapidement des solutions inédites pour résoudre un problème qui les énerve depuis longtemps.

Tous les géants d'aujourd'hui ont d'abord été des startups, et beaucoup ont commencé par définir leur MTP. Apple voulait notamment changer l'accès à la musique, tandis que Netflix souhaitait réinventer la façon de regarder des films et la télévision et que YouTube se demandait comment favoriser la mise en ligne de vidéos. Point commun entre ces ambitions ? Toutes sont étonnamment simples, sans ambiguïté et génératrices de solutions réellement disruptives. En misant sur la disparition progressive de la propriété automobile au profit de l'usage via l'économie collaborative, Frédéric Mazzella incarne lui aussi avec Blablacar ces visionnaires capables de modifier en profondeur un secteur d'activité et réinvente la mobilité au passage.

La plupart des succès qui font l'admiration du monde entier sont nés dans l'esprit d'entrepreneurs intuitifs dénués de préjugés et ayant une vision radicalement différente de la façon de servir leurs clients. Leur capacité à prendre rapidement l'avantage au premier attaquant (*First Mover Advantage*), alliée à leur rigueur d'exécution sur des marchés de masse, leur procure le plus souvent le leadership d'un secteur. C'est ainsi que des plateformes sans actifs matériels autres que leurs données sont en train de devenir à travers le monde de puissants monopoles naturels, selon le désormais célèbre principe du *Winner takes all* (le gagnant remporte toute la mise, dans un secteur ou une catégorie). Parties les premières, leur taille et leur nombre croissant (voire exponentiel) d'utilisateurs leur confèrent une avance difficile à rattraper ensuite par des acteurs historiques, qui se sont trop longtemps contentés de regarder passer les trains.

Il suffit d'observer la part de marché actuelle (hors Chine) de Google dans le domaine de la recherche en ligne pour comprendre combien sa mission fondatrice était puissante et universelle : « organiser l'information du monde pour la rendre utile et accessible à tous ». Fondateur d'OVH, Octave Klaba veut « permettre à ses clients de digérer les données brutes qui sont stockées pour en tirer de la valeur ». Waze nous propose « d'obtenir le meilleur itinéraire, chaque jour, avec l'aide en temps réel des autres conducteurs ». DropBox, que « nos fichiers soient toujours à portée de main ». Quand Tesla lutte pour un monde sans CO_2, Space X ambitionne de développer la vie sur Mars et de coloniser la planète rouge, Calico (Alphabet Inc.) veut vaincre la mort et AirBnB nous invite à nous sentir chez nous dans le monde entier (*Belong anywhere*). En France, c'est avec l'ambition de « fluidifier l'accès aux soins » que les fondateurs de Doctolib ont construit le leader de la prise de rendez-vous médicaux en ligne.

La capacité d'une entreprise à définir une vision prospective motivante et à se donner une mission n'est certes pas l'apanage des startups ou des seules entreprises du numérique. « Améliorer le quotidien du plus grand nombre » est celle d'Ikéa, tandis qu'IBM veut « permettre à toute personne et à toute organisation sur terre d'accomplir davantage » (*Empower every person and every organization on the planet to achieve more*). Depuis sa création en 1986, « lutter contre la malnutrition et contribuer à l'autonomie nutritionnelle pour tous » définit l'objet social de Nutriset, première entreprise à objet social étendu. « Améliorer la vie des gens en apportant des innovations pleines de sens et de simplicité » est signé Philips. Leroy Merlin ambitionne « d'aider les gens à rêver leur maison ». Réduire à zéro en 2020 le nombre d'accidents mortels à bord de ses véhicules est au cœur de la vision 2020 de Volvo.

Bien sûr, toutes les startups n'ont pas vocation à devenir des *game changers*. Cela n'a d'ailleurs aucune importance, l'essentiel étant de viser un horizon suffisamment mobilisateur pour donner du sens et éclairer le chemin, à l'image par exemple des milliers de projets de startups destinés à améliorer la vie des seniors, des personnes handicapées, des agriculteurs ou des étudiants. Inutile d'être un leader mondial pour avoir une vision et se donner une mission. Plus que jamais, une marque existe et réussit durablement si elle a du sens et joue un rôle dans la vie quotidienne de ses clients. Fondateurs de la jeune FoodTech Dear Muesli, Dikom, Bakang et Sylvain (les « Muesli Boys ») se lèvent ainsi chaque matin avec l'ambition de nous aider à vivre mieux et plus longtemps en commençant par bien petit-déjeuner. Plus modestement, réussir à « faire passer chaque jour à chacun de nos clients les quinze meilleures minutes de leur journée » a été mon obsession quotidienne, depuis la création de la chaîne Columbus Café jusqu'au jour où j'ai quitté l'entreprise en 2004. Preuve que la taille de nos ambitions ne dépend pas toujours de celle de notre compte en banque !

Si elles expliquent le succès de nombreuses startups, on peut toutefois s'interroger sur la véritable efficacité de telles démarches dans les grands groupes ou les entreprises les plus anciennes. Etre souvent perçues comme un alibi de communication plutôt qu'un véritable atout différenciant justifie-t-il que de nombreuses missions finissent mort-nées ? Ne pas avoir été formulées dès la création d'une entreprise, ou être révélées un beau jour sur grand écran à l'occasion d'une convention de top managers en présence d'un DJ sur scène explique en partie la difficulté à créer un engouement durable auprès des troupes. Mais l'incapacité du management à en faire chaque jour le point de repère unique et cohérent de toutes ses décisions et de toutes ses actions menace bien plus encore leur crédibilité. Sans doute faudrait-il approfondir les raisons pour lesquelles certaines visions top-down n'emportent pas l'adhésion, mais force est de constater qu'il semble plus facile de les mettre en œuvre dès l'origine dans une startup que dans un grand groupe chargé d'histoire. Cela ne signifie pas pour autant qu'il faille s'en dispenser. Qu'on les juge ou non inspirantes, ces visions ou ces missions parfois utopiques ont toujours au moins le mérite d'exister, et beaucoup d'entre elles semblent avoir fait leurs preuves. Outre la capacité à donner du sens au quotidien, elles permettent de se concentrer sur l'essentiel, sans perdre de temps sur ce qui n'est pas son cœur de métier.

Point commun entre plusieurs startups à succès, la capacité de leurs fondateurs à définir dès le départ ce que l'investisseur Fred Wilson appelle leur « unité atomique », qu'il définit comme étant le composant le plus important ou le plus représentatif de leur produit ou de leur service. Leur cœur de métier. Le centre du réacteur. Le Tweet pour Twitter, le Post pour Tumbler, le projet pour Kickstarter, la photo pour Instagram, le CV pour LinkedIn ou le fichier pour DropBox. Toute entreprise n'a pas forcément la possibilité de définir une telle unité, mais celles qui ne s'interrogent pas sur le sens de leur mission, de leur action ou de leur utilité sociale n'ont aucun avenir durable. Au début d'une startup, il y a toujours une vision inspirante, non négociable et si ambitieuse qu'elle sera probablement la seule chose à ne plus jamais changer tout au long de l'aventure. Un idéal créateur de consensus, qui la rend unique et attirante. Une croyance si forte, que celui qui l'a inspirée préférera toujours abandonner plutôt que de la trahir. Un repère si puissant qu'il permettra plusieurs pivots successifs, voire même plusieurs changements de stratégie sans que la vision ne soit jamais modifiée. Une aspiration si stimulante qu'elle permettra à tous de vivre la même aventure et de partager longtemps le même ADN.

Depuis la création d'Amazon en 1994, Jeff Bezos ajoute systématiquement à sa lettre annuelle aux actionnaires une copie de sa première lettre datée de 1997, pour bien leur rappeler que sa vision n'a jamais changé depuis ses premiers pas. Et force est de constater qu'il avait déjà tout compris, comme en témoignent ces quelques extraits, qui pourraient servir de synthèse à ce chapitre autant qu'à ce livre.

« Nous sommes optimistes, mais nous devons rester vigilants et maintenir un sens de l'urgence. Nous allons continuer à nous concentrer sans relâche sur nos clients. Nous allons continuer à prendre nos décisions d'investissement à la lumière de nos ambitions de leadership à long terme plutôt qu'à partir de considérations de profitabilité à court terme ou des réactions court-termistes de Wall Street. Nous continuerons à apprendre à la fois de nos succès et de nos échecs. Nous investirons toujours massivement plutôt que timidement à chaque fois que nous détecterons une possibilité de renforcer notre leadership. Certains de ces investissements payeront, d'autres pas, et dans les deux cas, nous aurons appris une bonne leçon. Dans tous les cas, nous privilégierons toujours le cash-flow plutôt que l'apparence de nos comptes. Nous travaillerons dur pour dépenser notre argent intelligemment et entretenir notre culture frugale. Nous comprenons l'importance de renforcer en permanence une culture de coûts maîtrisés, surtout dans un business qui génère des pertes. Nous maintiendrons un juste équilibre entre une croissance profitable à long terme et la rémunération du capital. A cette étape, nous privilégions la croissance pour démontrer toute la puissance de notre *business model*. Nous continuerons à nous concentrer sur l'embauche et la fidélisation de collaborateurs polyvalents et talentueux et à ajuster leur rémunération sous forme d'actions plutôt que de cash. Nous savons que notre succès sera largement dépendant de notre capacité à attirer et retenir une base motivée de salariés, dont chacun doit penser comme, et effectivement être, un propriétaire. » Que l'on aime ou pas Amazon, force est de reconnaître la puissance et la cohérence d'une telle vision, et combien elle éclaire parfaitement l'incroyable parcours de son créateur devenu la première fortune mondiale.

Mais revenons sur terre ! Plus les entreprises grandissent, plus il devient difficile d'identifier qui y est en charge de l'innovation. Une fois installées, la plupart d'entre elles se préoccupent davantage d'améliorations incrémentales pas trop coûteuses que de véritables innovations, dont le coût potentiel peut leur sembler exorbitant. Pour elles, un nouveau produit est le plus souvent une variation d'un produit existant, soutenu par un message publicitaire revisité.

Toute entreprise peut choisir de se concentrer sur ses compétiteurs, ses produits, sa technologie, son *business model*, ou avoir d'autres priorités. L'esprit startup est synonyme de rupture en toutes choses. Casser les codes et penser autrement font partie de l'ADN des jeunes pousses, au service d'un seul objectif : enchanter le client en lui proposant le meilleur produit ou service jamais proposé. « Même quand ils n'en ont pas conscience, les clients veulent toujours quelque chose de mieux, et votre envie de les enchanter vous permettra d'inventer à leur place » écrivait Jeff Bezos à ses actionnaires en 2016. « Aucun client n'a jamais demandé à Amazon de créer le programme Prime, mais il est évident qu'ils l'attendaient ! ». Un discours qui n'est pas sans rappeler celui de Steve Jobs, lorsqu'il affirmait que « les gens ne savent jamais ce qu'ils veulent tant qu'on ne leur a pas proposé ». Qui avait imaginé avoir un jour besoin d'une tablette numérique ? Et qui pourrait aujourd'hui s'en passer ?

Le client d'abord ! J'en ai rêvé, les startups l'ont fait... Et si la vraie révolution introduite par les entrepreneurs du numérique était d'avoir fait du client leur seule et unique raison d'être ? Pour elles comme pour les entreprises traditionnelles qui entament leur transformation numérique, tout commence par mettre le focus sur l'utilisateur final. En publiant mon premier livre « Service compris » en 1986, jamais je n'aurais pensé qu'il faudrait plus de trente ans avant que mon rêve ne se réalise et que l'on passe enfin du discours à la réalité. Plus que toute autre entreprise, une startup sait qu'elle ne peut réussir qu'en étant *customer centric*, car aucun *business plan* ne survit en son état initial aux premiers contacts réels avec les clients. A la création de Craigslist, le site aux cinquante millions de pages vues chaque mois, Craig Newmark aimait se présenter comme « Représentant du service client et fondateur » et rappelait qu'il passait au minimum quarante heures par semaine à s'occuper de ses clients, à ses yeux « la plus belle école de l'empathie et de la compassion ». Convaincu que rien n'est trop beau pour les siens et fondateur de Zappos, Tony Hsieh reconnait volontiers quant à lui que les décisions qu'il prend ne sont pas toujours rationnelles au plan économique (telle sa politique extrêmement généreuse de retours de ses produits), mais il préfère les voir comme des investissements marketing à long terme. A l'image de Free, qui depuis l'invention de sa Box ne cesse d'offrir de nouvelles fonctionnalités révolutionnaires à prix quasiment constant, la clé étant toujours d'inventer avant d'y être contraint. De penser client avant de penser concurrence. D'observer celui qui nous fait vivre avant d'espionner celui qui finit par nous ressembler. De s'intéresser davantage aux usages qu'à la technologie. De surprendre ses clients au moment où ils s'y attendent le moins, ou d'une façon si différente ou généreuse qu'ils passeront de la fidélité à l'engagement émotionnel.

L'un des effets les plus manifestes de cette obsession du client, qui est la signature des startups, est sans aucun doute la généralisation de la pratique de la notation systématique qu'elles ont inventée. A l'ère pré-numérique, les seules notes que nous récoltions étaient celles que nous donnaient nos professeurs, et que nous rapportions confiants ou angoissés à nos parents au retour de l'école. Désormais, tout le monde juge et évalue tout et n'importe quoi. Livres, films, produits, vins, plats, magasins, hôtels, services, vendeurs, téléconseillers, peu importe. Le smiley ou l'étoile devient juge de paix. Il encourage, promeut ou démolit. Et ça marche dans les deux sens ! Les clients de VTC jugent leurs chauffeurs, ignorant le plus souvent que ces derniers les évaluent à leur tour et qu'ils se retrouvent dans la moulinette des bases de données de la plateforme qu'ils utilisent. Gare à ceux qui sont en retard, parlent trop ou pas assez au conducteur, salissent son véhicule ou claquent la porte trop violemment. Selon une étrange inversion des rôles, l'élève note désormais le professeur, le participant à une conférence évalue l'intervenant et le patient le médecin. Avantage indéniable de cette notation universelle, devenue le reflet de nos exigences et qui replace le client au centre du jeu : elle pousse tous ceux qui en sont la cible à l'excellence, et elle a d'ores et déjà considérablement amélioré la qualité de service dans d'innombrables entreprises. Attention toutefois à ne pas abuser des questionnaires de satisfaction, car à systématiser cette pratique à chaque contact, vos clients vous supplieront bientôt de leur « foutre la paix » ! Et apprécieront de moins en moins d'être réduits à une série de notes bien rangées dans des ordinateurs crachant des algorithmes.

Que cela ne vous empêche pas de les placer au cœur de votre mission. Celle que je vous invite à écrire ou à revisiter dès que vous aurez refermé ce livre !

Allumer le feu... mais pas trop !

> « C'est quand ça va bien qu'il faut changer. »
> Jean Boissonnat

Allumer le feu... mais pas trop !

Publié le 2 août 2011 par Stephen Elop, nouveau CEO de Nokia venu de chez Microsoft pour sauver du naufrage l'ex-star du mobile, le mémo intitulé *Burning Platform* a connu un retentissement mondial. Analyse sans concessions des faiblesses du géant finlandais à l'heure où il prenait ses fonctions, il est rapidement devenu une référence. Tout commence par l'histoire vraie d'un homme travaillant sur une plateforme pétrolière ravagée par un incendie en Mer du Nord, au cours duquel cent soixante-six personnes et deux sauveteurs trouvèrent la mort en 1988. Soixante-trois d'entre eux ont pourtant survécu, parmi lesquels Andy Mochan. Réveillé en pleine nuit, encerclé par les flammes, il doit choisir et vite, entre rester sur place ou plonger du quinzième étage dans les eaux noires et glacées de l'Atlantique. Bien sûr, personne ne ferait cela en temps normal, l'espérance de vie dans de telles conditions ne dépassant pas vingt minutes. Mais il se jette à l'eau et survit contre toute attente, rapidement secouru. Une décision courageuse et à l'issue incertaine, qui a modifié pour toujours sa façon d'être.

Nul doute aux yeux de Stephen Elop, à en croire le message écrit qu'il adresse à ses troupes. « Nous sommes nous aussi sur une plateforme en feu, et devons décider si nous allons ou non changer de comportement. » Et le mémo d'enchaîner : « Nos compétiteurs nous menacent à une vitesse que nous n'avions jamais imaginée. De notre côté, nous avons régressé, nous sommes passés à côté des nouvelles tendances, et nous avons perdu du temps. Nous avons de brillantes sources d'innovation en interne, mais nous ne les amenons pas assez rapidement sur le marché. Le pire, c'est que nous ne nous battons pas avec les bonnes armes, en nous concentrant sur nos téléphones plutôt que sur leur écosystème global, comme le font désormais nos concurrents. Nous avons alimenté notre propre feu. Nous avons manqué de responsabilité et de leadership pour adapter notre entreprise à une époque disruptive. Nous n'avons pas innové assez rapidement, ni suffisamment collaboré en interne. »

Devenue synonyme de crise majeure et de rebond, la métaphore de la plateforme en feu n'a malheureusement sauvé de la débâcle ni Nokia ni son président, reparti sans éclat chez Microsoft… Mais elle a été utilisée ensuite par de nombreux dirigeants pour créer un sentiment d'urgence, y compris dans des entreprises en bonne santé, qui peinent le plus souvent à convaincre leurs collaborateurs de changer quand tout va bien. A leur faire comprendre que mieux vaut refaire la toiture de sa maison par grand beau temps que sous la pluie. Certains ont ainsi allumé des feux (parfois imaginaires) pour forcer leurs équipes à évoluer, pronostiquant la mort de leur avantage concurrentiel. Quoi de plus efficace en effet que d'annoncer à ses troupes qu'il ne reste que trois mois de trésorerie pour rester dans la course et que le nouveau produit doit impérativement sortir avant cette échéance ? Dans les années 90, le président de General Electric avait ainsi mis la pression sur ses équipes en leur annonçant son ambition de faire de chacune de ses *Business Units* le numéro un ou deux mondial de sa discipline, faute de quoi il s'en séparerait sans état d'âme. Quelques années plus tard, il organisait un séminaire en deux temps pour accélérer la transformation numérique de son groupe : *destroyyourbusiness.com*, puis *rebuildyourbusiness.com*. Soit autant de paris audacieux qui ont contribué à faire de Jack Welch une star interplanétaire du management.

Nul besoin pour les dirigeants de l'industrie automobile de forcer le trait pour éveiller les consciences au sein de leurs entreprises, quand se développent à toute vitesse l'économie collaborative, le partage et l'usage au détriment de la propriété. En tant que constructeur, comment ne pas remettre en cause le rythme de ses innovations, quand une Tesla reçoit régulièrement à distance des mises à jour logicielles pour ajouter de nouvelles options et fonctionnalités mais que nos clients ne peuvent toujours pas connecter leurs portables à nos propres véhicules ?

Nous devons tous accélérer notre transformation. Car la menace est là, clairement identifiée. Mais les routiers, chauffeurs de bus ou de poids lourds et les artisans taxis ont-ils conscience de celle que fait peser sur eux l'arrivée des camions, autocars et voitures autonomes ? Quid des usines, dont les ouvriers rivalisent déjà avec des robots ? Des stations-service, qui laissent des startups comme Refuel s'emparer du nouveau marché de l'essence à domicile, ou des garagistes, qui abandonnent le territoire de la réparation au bureau en moins d'une heure et laissent le champ libre à la jeune pousse Motoria ? D'Autolib à Paris, qui n'a pas su anticiper la montée en puissance du *free floating* et des nouvelles offres de mobilité urbaine pour améliorer son offre ? Des pétromonarchies du Golfe qui n'auront pas su anticiper la fin des énergies fossiles ? Des restaurateurs, qui confient la livraison de leurs plats à des plateformes comme Deliveroo, et perdent à travers cette désintermédiation leur capital le plus précieux, à savoir la connaissance de leurs clients et leur lien direct avec eux ? Des agents de voyages incapables de se souvenir, malgré dix ans de fidélité à leur endroit, que tel client souhaite toujours un siège solo en TGV ou un couloir à l'avant de l'avion ? A l'heure de l'intelligence artificielle et des assistants virtuels vocaux, qui seront bientôt capables d'intégrer toutes les données d'un déplacement, les goûts et les préférences d'un voyageur et de faire les meilleurs arbitrages en fonction de son agenda, de son budget, du trafic et de la météo du jour, il est urgent d'allumer le feu. De collecter et d'analyser un maximum de données pour combiner le meilleur de l'humain et du digital. Car si une présence humaine, disponible à tout moment et en tout lieu, restera pendant longtemps un avantage coûteux mais déterminant, elle ne suffira bientôt plus à retenir certains clients qui préféreront l'efficacité froide d'une application mobile à l'inefficacité (même chaleureuse) d'un incompétent. Le meilleur des deux mondes… ou rien !

Sans doute faut-il éviter de devenir parano, mais un devoir d'inquiétude s'impose. Celui-là même qui conduit aujourd'hui les grands groupes à écumer les incubateurs et à se marier avec de jeunes entreprises qui semblent avoir parfaitement intégré l'idée que c'est toujours le client qui décide. Terrorisés par le risque de désintermédiation que représentent pour eux les nouveaux entrants natifs 4.0, de nombreux industriels n'hésitent plus à se faire challenger par des équipes jeunes et qui tiennent plus que tout à garder leur autonomie. Quitte à modifier leur organisation en profondeur pour la préserver. La Fontaine n'a-t-il pas écrit avant tout le monde que « l'on a souvent besoin d'un plus petit que soi » ? Beaucoup de lions s'associent désormais à des rats, comme le suggérait la célèbre fable. Pas un jour sans que ne soit annoncé un nouveau rapprochement, à l'image de Sodexo qui rachète FoodChéri, Monoprix Sarenza, BNP Le Compte Nickel, Chanel Farfetch, Carrefour Showroom Privé, Accor John Paul ou La Poste KissKissBankBank. L'avenir dira si ces acquisitions se sont ou non révélées fructueuses et synergiques, ou bien si l'incapacité des acquéreurs à entretenir la culture entrepreneuriale et l'ADN des entreprises rachetées aura rapidement provoqué la fuite des talents vers de nouvelles aventures, une fois passée la traditionnelle période du « Service Après-Vente ». Car rien ne serait pire, dans ce mouvement qui s'amplifie, que de voir ces acquisitions et ces rapprochements ne servir qu'à donner l'illusion d'un processus de transformation au lieu de le provoquer réellement.

Notons ici que même les plus brillantes startups ne sont pas à l'abri des risques de l'immobilisme… et du pouvoir des géants californiens. C'est ainsi que la licorne Criteo (« prédire » en grec ancien) a perdu début 2018 un tiers de sa valeur en quelques séances boursières, pour avoir trop longtemps misé sur un mono-produit. Certes performant, l'inventeur du *dynamic retargeting* (le reciblage, cette technologie permettant d'envoyer des annonces parfaitement ciblées à toute personne ayant visité un site marchand sans passer commande) n'a pas vu venir la contre-attaque d'Apple, qui a modifié les règles du jeu du jour au lendemain en réduisant l'usage des cookies sur son navigateur Safari. Hésitations, fuite des cerveaux, innovation en berne, le résultat ne s'est pas fait attendre, provoquant le retour récent de Jean-Baptiste Rudelle aux commandes du navire. Trop dépendre des GAFAM peut s'avérer mortel, comme l'a également appris à ses dépens Simon Dawlat, fondateur d'Appgratis, éliminé par Apple qui ne supportait plus la menace que faisait peser son entreprise sur le modèle de son AppStore. De la même façon, Amazon n'a pas hésité à livrer une violente guerre des prix au site de vente en ligne Diapers.com pour l'obliger à accepter une offre de rachat, avant de faire disparaître la marque pour dominer le marché des couches pour bébé. De la même façon, l'intérêt que les géants Jack Ma, Jeff Bezos et Mark Zuckerberg portent désormais à la

Blockchain et à la multiplication des cryptomonnaies illustre parfaitement leur souci d'être toujours à l'affût de ce qui pourrait les menacer un jour.

Personne n'est plus à l'abri. Le risque majeur pour toute entreprise ? Vouloir profiter trop longtemps d'une rente de situation confortable ou d'une position dominante, sans se soucier du moment où un nouvel entrant le lui fera regretter brutalement. Ce qui finit toujours par arriver quand on baisse la garde. « Les cimetières sont pleins d'entreprises qui se croyaient irremplaçables », m'a dit un jour un ami entrepreneur. Innover et se diversifier sans cesse. A l'évidence, toutes les entreprises doivent l'expliquer sans relâche à leurs équipes et se préoccuper de faire évoluer en permanence l'état d'esprit de leurs troupes, tant les défis sont désormais nombreux.

Mais faut-il pour autant allumer le feu, et quand ? La question mérite d'être posée et débattue. Dénoncée par de nombreux experts en management, cette technique de pyromane est en effet difficile à alimenter durablement, une fois passé le choc de l'annonce initiale. Sans compter le sentiment de peur et d'anxiété qu'elle génère inévitablement au sein de l'entreprise, et qui peut devenir une arme destructrice et à double tranchant. Et bien sûr le risque d'endommager la crédibilité du dirigeant, si le scénario catastrophe qu'il a élaboré s'avère être une pure élucubration de sa part, ou tarde à se produire.

Avoir une perception uniquement anxiogène d'un monde hostile et en mutation trop rapide, dans lequel nous aurions perdu tout contrôle et où rien ne serait de notre faute, peut s'avérer efficace pour créer un électro-choc. Mais cela revient aussi à fuir nos responsabilités de dirigeant et réduit nos capacités d'action. A l'image de l'idéogramme chinois qui voit derrière chaque crise une opportunité, il est urgent de transformer nos peurs en autant de challenges stimulants pour nos équipes et de repenser la culture de nos entreprises autant que nos organisations ou nos process.

Le propre d'une rupture est d'être un processus qui se poursuit bien au-delà de son avènement. Ses effets sont souvent ressentis pendant de nombreuses années après son déclenchement. A chacun de nous de trouver le bon rythme pour nous y adapter efficacement. Comme en toutes choses, l'essentiel est ici de trouver le juste équilibre. Mais ne traînons pas trop, car le temps presse.

Faire plus avec moins

« La contrainte sollicite l'imagination. »
Claude Lelouch

Faire plus avec moins

Jeff Bezos travaille depuis vingt ans dans un immeuble qui porte le nom de *Day 1*. Et à chaque fois qu'il déménage, il emporte avec lui le nom de l'immeuble. Sa façon à lui de rappeler chaque jour à ses équipes qu'ils n'en sont qu'au premier jour de leur voyage à ses côtés. Pour lui, *Day 2* est synonyme de « stase » (une condition caractérisée par une immobilité complète) et de long déclin affreusement douloureux, suivi d'une mort certaine. Plus que tout autre entrepreneur du numérique, il semble ne jamais oublier le sort qu'ont connu AOL, Yahoo!, Lycos, MySpace, Friendster et tant d'autres. Pour éviter le naufrage, conserver les attributs d'une jeune pousse et rester un leader mondial avec un esprit de challenger, il recommande « l'obsession du client, la lutte contre les process (on ne pense plus, on applique), l'envie d'embrasser les tendances extérieures et une prise de décision hyper-rapide ».

Pareilles ambitions impactent nécessairement le management des entreprises, à l'image de Vinci dont le président Xavier Huillard justifie une organisation hyper-décentralisée composée de trois mille *business units* à taille humaine par sa volonté de « donner du sens et d'offrir suffisamment d'espaces de liberté pour laisser s'épanouir la créativité ». Même état d'esprit chez le français Webhelp, qui emploie trente-cinq mille collaborateurs et dont le co-fondateur Olivier Duha explique au *Figaro* « qu'il aime le mouvement, la prise de risque, la décision, l'innovation, l'audace et l'agilité. Je fuis la bureaucratie, les lenteurs en tout genre. Je déteste l'immobilisme ou le statu quo. Je veux que Webhelp soit et reste une très grosse startup en conservant une culture d'entrepreneurs autonomes, responsables et résolument tournés vers l'action ». Nul doute pour lui : ce qui compte n'est pas tant la taille de l'entreprise que son état d'esprit et sa culture entrepreneuriale. Pour les pérenniser, rien de tel que la multiplication de petites unités à taille humaine. Guillaume Richard construit ainsi le groupe

Oui Care à partir de deux cent cinquante entités juridiques autonomes, tandis qu'Octave Klaba chez OVH en compte une soixantaine de trente à trois cents personnes, fonctionnant comme des mini-entreprises.

S'il est une différence majeure entre une startup et un grand groupe, c'est bien son rapport accéléré au temps... et à l'argent. «Il y a une angoisse du temps long dans les startups», explique aux *Echos* Gonzague de Blignières, co-fondateur de Raise avec Clara Gaymard. «Parfois, dans les grandes entreprises, les délais s'étirent trop. Combien de créateurs se plaignent d'une absence de réponse à leurs emails et coups de fil, ou se retrouvent baladés de personne en personne?» La faute aux process, bien plus souvent qu'aux hommes. La croissance génère toujours de la complexité. Multiplication d'intervenants non décisionnaires ou pas toujours clairement identifiés, incapacité à trancher ou arbitrer les conflits, rivalités, jalousies, politique interne trop souvent préférée à l'action, lenteur de la prise de décisions, précautionnisme juridique, frilosité des SI, manque de courage, etc. Tout concourt à foncer droit dans le mur, sans que personne ne s'en alarme ou ne mette les pieds dans le plat. A une époque où mieux vaut privilégier dix projets imparfaits censés aboutir rapidement et portés par de petites équipes métissées plutôt qu'un excellent mégaprojet mobilisant des centaines d'experts qui verra peut-être le jour dans cinq ans, le rapport au temps pourrait bien devenir un enjeu stratégique majeur.

Manquant le plus souvent de fonds propres et donc de temps long, les startups ont rarement l'éternité devant elles pour démontrer la pertinence de leur aventure, les obligeant à tout mettre en œuvre pour supprimer tout obstacle susceptible de freiner la course dans laquelle elles sont engagées. A l'inverse des entreprises plus traditionnelles dont l'histoire (ou l'épaisseur de la trésorerie) leur font croire à tort qu'elles sont éternelles, elles agissent en permanence en pensant que leurs jours sont comptés et excellent à détecter les signaux faibles de leur environnement. Sentir avant les autres dans quelle direction s'oriente un client ou un marché n'est pas la moindre de leurs qualités. Parce qu'elles partent toujours de zéro et doivent tout créer *from scratch*, elles font simultanément appel à plusieurs types d'innovations: produit, processus, usage, organisation, modèle économique, commercialisation, etc.

Pour Guillaume Gibault, fondateur du Slip français, interrogé par Patricia Salentey dans son livre *Ces entrepreneurs made in France*[1], « le succès d'une startup, c'est sa capacité à faire des choix radicaux, assumés, et à aller vers ce qui la différencie. Parfois, c'est rassurant de faire comme les autres, mais c'est une erreur. L'entreprise doit être clivante. Une startup doit toujours être capable de taper fort sur la table, même si c'est compliqué, même si c'est la pagaille, c'est ce qui sauve. »

Rien de ce qui se pratiquait auparavant ne sert d'inspiration initiale aux startuppers, tant est grande leur capacité à penser différemment. Partant d'une page blanche et portant un regard neuf sur le monde qui l'entoure, libre de toute pression hiérarchique, de tout héritage et de tout préjugé, le fondateur de startup ne s'interdit rien. Visant toujours l'innovation de rupture rapide (dont on sait combien les vrais exemples sont rares) plutôt que l'innovation incrémentale lente (beaucoup plus fréquente, spécialité des grandes ou vieilles entreprises), il semble n'avoir aucune barrière mentale, ce qui

---

1. Editions Alisio, 2018

provoque parfois des miracles. A chaque fois que sa survie est menacée par le refus d'un investisseur ou un quelconque nouveau danger qu'il n'avait pas vu venir, la réaction de cette nouvelle race d'entrepreneurs est toujours la même : « On ne lâche rien », « On va tout donner », « Ça va le faire ».

Détermination et ténacité sont indissociables de l'esprit startup. Autant qu'un CEO (*Chief Executive Officer*), un entrepreneur (ou un dirigeant) doit aujourd'hui être un CPS (*Chief Problem Solver*) autonome et créatif, capable d'absorber la difficulté et la contrainte et de restituer des solutions et de l'énergie. Ce qui est finalement assez facile, dès lors que la vision reste inchangée et le rêve excitant. Car l'argent ne procure aucun talent. Il suffit pour s'en convaincre de constater à quel point le confort dans lequel vivent la plupart des salariés des grands groupes, voire des ETI ou des PME qui cartonnent, se traduit rarement par une créativité débridée de leur part. Tous les entrepreneurs connaissent la règle d'or affirmant que lorsque l'on n'a plus d'argent, l'imagination finit toujours par reprendre le pouvoir. A une condition, celle de savoir penser différemment. *Out of the Box*, pour reprendre l'expression habituelle.

Ou bien dans de « nouvelles boîtes » (*new boxes*), à en croire le consultant Luc de Brabandère. L'essentiel est de changer d'angle de vue pour explorer de nouveaux territoires et de nouvelles solutions.

La tendance « As a Service » est un excellent exemple de ce qui se produit quand on change de lunettes, à l'image du marché de la beauté qui est en passe d'être réinventé par plusieurs jeunes acteurs via les réseaux sociaux, lesquels font office de caisse de résonnance et dictent désormais les tendances. Après avoir acquis Benefit Cosmetic dès 1999, L'Oréal a récemment racheté le canadien Modiface, spécialiste de la réalité augmentée et de l'intelligence artificielle, afin d'associer à ses produits une logique de service et d'en faire une *beauty experience* « phygitale » combinant online et offline. Carton plein pour *Makeup Genius* et *Style My Hair*, qui illustrent parfaitement la révolution silencieuse du glissement progressif du produit au service, et du service à l'expérience. Les directeurs marketing « Proctériens », convaincus qu'une marque ne se construit qu'avec de coûteux spots TV, vont à l'encontre de cruelles déceptions à l'heure du marketing de la viralité et de l'usage !

Comme toutes les grandes idées utopiques, le concept MaaS (Mobility as a Service) fait quant à lui rêver sur le papier en proposant de repenser la mobilité urbaine. A Portland, le géant allemand Daimler teste Moovel, une application servant de guichet unique pour tous les déplacements de ses utilisateurs, permettant d'accéder au moyen de transport et au trajet les plus rapides en temps réel. En Suède, la startup UbiGo créée par Hans Arby propose quant à elle de regrouper dans une seule application une offre illimitée de tous les moyens de déplacement à disposition des citadins offrant la garantie de disposer du plus malin d'entre eux à un moment donné pour un trajet donné en fonction du trafic : métro, bus, vélo, VTC, taxi, scooter, voiture, auto-partage, tout l'univers du transport à portée de clic. L'avenir dira si l'idée est réalisable, rentable et pérenne. Mais elle illustre parfaitement la capacité des startups à penser autrement et à dépasser les «ça ne marchera jamais!» et «on a toujours fait comme ça!» à l'heure où la révolution automobile s'apprête à redistribuer toutes les cartes à grande échelle, comme le *low cost* avait bouleversé celles de l'aérien avec le lancement d'EasyJet en 1995.

La légende raconte que Jack Ma a démarré Alibaba en 1999 dans son appartement de Hangzhou avec seulement soixante mille dollars en poche. Le manque d'équipes, de temps et de moyens qui caractérise les startups et qui devrait en toute logique être une faiblesse se révèle généralement être une fantastique opportunité pour leurs dirigeants. Habitués à gérer la pénurie dès la création de leurs entreprises (n'oublions jamais que certains entrepreneurs peuvent avoir un mal fou à mobiliser ne serait-ce que quelques milliers d'euros pour constituer leur capital social), beaucoup excellent à ne dépenser que ce qui est strictement nécessaire. Contrairement à une idée reçue, la rareté des ressources des fondateurs avant les premières levées de fonds les contraint souvent à une stricte orthodoxie financière et à une extraordinaire capacité de « démerde ». La vitesse de propagation de leurs solutions est vitale, le gagnant étant souvent celui qui bénéficie du meilleur modèle de distribution. Comme on s'en doute, ils sont généralement très performants dans l'utilisation intuitive de tous les outils numériques que des milliers de développeurs inventent désormais chaque jour pour nous permettre de travailler plus rapidement. *Early adopters* par nature et multi-tâches, ils sont obsédés par l'efficacité et détestent tout ce qui les ralentit.

D'où leur rejet de la procrastination, cet art de toujours remettre à plus tard ce qui nous ennuie ou que nous n'avons pas le courage d'affronter, en privilégiant systématiquement les actions immédiatement gratifiantes. Conscients que les tâches les plus difficiles sont les seules qui font véritablement avancer les projets les plus ambitieux, la plupart plébiscitent la «règle des deux minutes». Popularisée par David Allen dans son best-seller *Getting Things Done*[2], dont j'avais préfacé l'édition française *S'organiser pour mieux réussir*[3], elle est d'un bon sens déconcertant. Si une tâche vous prend moins de deux minutes, effectuez-la immédiatement sans la repousser à plus tard. «Les meilleurs ont un point commun : celui de réussir à avoir un fort impact avec des ressources financières et un horizon de temps limités», comme le résument habilement les auteurs du livre *La 25ème heure*[4], qui révèlent les

---

2. Penguin Books, 2001
3. Editions Alisio, 2015
4. Auto-édité, 2017

secrets de productivité de deux cents startuppers qui cartonnent… et parfois étonnent ! Contrairement à leurs aînés, certains d'entre eux affirment ainsi que l'avenir appartient à ceux qui travaillent moins, et beaucoup tirent une fierté particulière de leur capacité à dégager du temps libre, malgré leur charge de travail.

Conséquence directe du marathon que courent les startups et de leur obsession d'une utilisation optimale du temps, la phobie des réunions ! A la différence des grands groupes, qui ont longtemps cru que la taille d'une initiative se mesurait à celle de l'équipe qui la porte, et son importance au nombre de *meetings* qu'elle nécessitait ou d'experts qu'elle mobilisait, les jeunes pousses se distinguent par leur obsession de l'efficacité. Pour elle, chaque minute, chaque heure, chaque jour compte. Leur obsession : le ROTI (*Return On Time Invested*) ! D'où une gestion très économe des rencontres, qu'elles limitent au strict nécessaire, et le rejet de tout ce qui ralentit. Soit l'exact opposé de ce qui se passe dans les entreprises françaises, dont le temps inutile passé en réunion augmente chez nous onze fois plus vite que la moyenne, à en croire une étude du Boston Consulting Group. Dans certaines, participer à toutes celles auxquelles on est convié chaque semaine excèderait même le temps de travail légal ! Chaque année, un cadre français passerait en moyenne vingt-quatre jours en réunion, selon une autre étude Wisembly/Ifop. Qui se préoccupe d'en calculer le coût réel, parmi les dirigeants qui les convoquent en permanence en même temps qu'ils cherchent à traquer les économies dans chaque recoin de l'entreprise ?

Une startup avance en marchant plutôt qu'en réunion. Deux pizzas, ça va. Trois pizzas, bonjour les dégâts ! Inventée par Jeff Bezos, la « règle des deux pizzas » à l'origine des nombreux succès d'Amazon est une parfaite illustration de cette culture. L'idée part d'un constat d'une simplissime évidence. « Plus les sessions sont longues, moins il en ressort de choses utiles. Moins on en tient, mieux l'entreprise se porte. Et plus il y a de monde, moins elles sont efficaces. Les participants finissent toujours par trouver un accord, se rallient les uns aux autres et font taire leurs idées et leurs propres opinions. » Une perte inestimable pour l'homme dont l'entreprise vaut désormais près de mille milliards de dollars, et semble attaché à ce que chacun ait la parole. D'où son idée d'interdire toute réunion dont deux pizzas ne suffiraient pas à nourrir l'ensemble des participants.

Selon le *Wall Street Journal*, « Bezos voulait une entreprise décentralisée, voire désorganisée, où les idées indépendantes prévalent sur les idées de groupe ». Et surtout une entreprise où tout se décide rapidement, même et surtout quand elle commence à grandir. Pour lui, la plupart des décisions peuvent et doivent être prises une fois que l'on possède 70 % des informations, parmi celles dont on a besoin pour trancher. Si l'on attend d'en avoir 90 %, c'est qu'on est devenus lents. L'essentiel est de reconnaître et de corriger rapidement les mauvaises décisions, ce qui est infiniment moins coûteux que d'être lent à les prendre. Pas de recette à ses yeux, mais une technique, la sienne : « *Disagree and Commit* ». « Si vous êtes le seul à avoir la conviction qu'il faut aller dans telle direction, reconnaissez votre désaccord avec le consensus et proposez aux personnes concernées de vous suivre malgré tout loyalement. » Une technique à double sens, qui vaut autant pour le big boss qui peut se laisser convaincre que pour ses équipes.

La « règle des deux pizzas » a depuis inspiré bien des entreprises, comme le raconte Olivier Schmouker, auteur du Blog *EnTête*. Chez Intel, si l'objectif de la réunion n'a pas été clairement énoncé, il faut tout simplement l'annuler. Le chinois Lenovo laisse les intervenants décider de l'intérêt ou non d'un meeting. Si une personne s'y ennuie, elle l'indique aux autres et la réunion est reportée... La société brésilienne Semco a quant à elle fait le choix de rendre les réunions optionnelles il y a trente ans : s'y rend qui veut... A l'inverse, et plus incroyable encore, n'importe quel ouvrier peut être un jour invité à participer à un Comex au même titre que les membres du Board. Quant à la start-up argentine elMejorTrato.com, elle a tout simplement interdit les réunions. Si ses salariés éprouvent le besoin d'échanger, ils le font au pied levé, de manière spontanée et improvisée.

Olivier Schmouker raconte également que « Mark Zuckerberg impose qu'en amont de toute réunion chez Facebook, chaque participant doit envoyer ses pistes de travail pour résoudre les problèmes. Le but : permettre à tous d'y réfléchir en amont pour gagner du temps. Autre point important, les personnes conviées doivent connaître précisément l'objectif de la réunion : sont-elles réunies pour discuter d'un problème ou pour y trouver une solution ? »

Richard Branson, l'excentrique patron de Virgin, a quant à lui une technique bien particulière pour ses réunions d'affaires : les tenir debout, de préférence en marchant.

Tous ont en commun la même hantise de perdre du temps, la ressource la plus précieuse de notre époque. *Do more with less*. Faire plus avec moins et faire plus vite seraient donc les secrets de cette nouvelle génération d'entrepreneurs, parfaite illustration du fameux Jugaad, un mot hindi qui pourrait être traduit par « l'art de concevoir des solutions ingénieuses », largement pratiqué dans les pays émergents. Faut-il pour autant priver vos collaborateurs de certains moyens pour les obliger à se dépasser ? Au risque d'être très impopulaire auprès d'eux, je dirais oui. Mille fois oui ! Conforté par l'adversité que j'ai vécue et surmontée pendant les dix années de la construction de la chaîne Columbus Café, qui compte aujourd'hui près de deux-cents points de vente, je pense être bien placé pour vous inviter à rappeler à vos équipes le confort dans lequel la plupart d'entre elles évoluent, sans même s'en rendre compte. Aucun créateur d'entreprise ne bénéficie au départ d'autant de ressources qu'elles. Pourtant, aucun ne se plaint ni se sent démuni, tant il prend de plaisir à affronter chaque difficulté l'une après l'autre, sa meilleure récompense étant de se retourner régulièrement et de constater le chemin parcouru, alors que personne n'avait misé sur lui. Entreprendre aguerrit. Surprotéger affaiblit. Faites passer le message !

Accepter l'incertitude

> *« Nous devons nous ouvrir en profondeur
> à l'acceptation de l'incertitude.
> C'est le déni qui nous épuise, nous angoisse. »*
> Charles Pépin

Accepter l'incertitude

Personne n'aime l'incertitude. L'économie numérique dans laquelle nous vivons est pourtant celle de l'instabilité, mettant à rude épreuve ses jeunes autant que ses vieux acteurs. Entreprendre revient désormais à trouver chaque jour des solutions nouvelles et créatives à des problèmes dont la plupart n'existaient pas la veille. Certains experts définissent les startups comme un groupe humain dont la caractéristique première est sa capacité à créer de nouveaux produits ou services dans des conditions d'extrême incertitude. Soit précisément ce qui définit notre époque, tant celle-ci règne en maître dans nos vies personnelles autant que professionnelles.

Au point d'avoir donné naissance à un nouvel acronyme anglo-saxon : VUCA, pour Volatilité,

Incertitude (*Uncertainty*), Complexité et Ambigüité. Introduit au début des années 90 par l'armée américaine pour décrire le monde post-guerre froide et s'y défendre, il a favorisé une approche *Light Footprint* (empreinte légère) qui n'est pas sans rappeler l'agilité des startups d'aujourd'hui. L'objectif était d'assurer la sécurité des populations civiles et militaires américaines par des interventions rapides et ciblées, afin d'éviter les risques d'enlisement et les dommages collatéraux. Compte tenu de la diversité d'adversaires avançant de plus en plus souvent masqués et aux motivations multiples, priorité à une plus grande variété de nouvelles stratégies chirurgicales élaborées rapidement et adaptées à chaque situation sur le terrain. On comprend donc facilement pourquoi le terme VUCA n'a pas tardé à s'imposer dans le langage économique.

Volatile d'abord, parce que tout ou presque l'est devenu. Si l'adjectif s'applique souvent aux marchés financiers pour mesurer l'importance des fluctuations d'un actif et donc son risque, elle représente plus généralement la propension d'une variable à s'écarter de sa valeur moyenne au cours d'une période donnée. Nul ne peut donc contester la volatilité de notre environnement politico-économique, voire social, depuis que la révolution digitale s'est imposée dans nos vies et installée dans notre quotidien. Tout change à une vitesse inédite dans l'histoire de l'humanité. D'où la nécessité pour toute entreprise de capter les signaux faibles de son environnement et de développer une vision puissante et rassurante permettant de compenser l'absence de repères extérieurs. Le chemin peut varier, mais le cap doit être tracé, et la destination comprise et acceptée par tous.

Incertain ensuite, parce qu'un événement peut se produire à tout moment dans le monde et avoir des conséquences cataclysmiques, à l'image du fameux effet papillon. Qui aurait pensé qu'un petit libraire en ligne de Seattle deviendrait un géant capable de traumatiser les stars de Hollywood autant que celles de Wall Street, à l'image de ce qu'a réussi Jeff Bezos avec Amazon ? Plus que jamais, le battement d'aile d'un lépidoptère au Brésil peut provoquer une tempête au Texas. Tout est lié, et plus rien n'est prévisible. Ce qui marchait hier ne fonctionne plus forcément aujourd'hui, sans que l'on comprenne toujours pourquoi. Une réalité qu'il convient d'affronter en renforçant notre capacité d'écoute et en formant nos équipes à modifier rapidement leurs façons de faire pour nous adapter plus rapidement que nos compétiteurs. Etre en veille permanente est devenu un atout décisif. Une quasi-arme de guerre.

Complexe, aussi. Laurent Combalbert aime rappeler la différence entre une époque compliquée et une époque complexe. L'ancien membre du Raid devenu consultant et conférencier appuie sa démonstration sur le mécanisme d'une montre suisse, à l'évidence compliqué mais que tout bon horloger expérimenté est capable de démonter et de remonter pièce par pièce. C'est compliqué, mais il n'y a aucune incertitude, ni sur le process, ni sur le résultat final. Il n'y a aucune surprise, les interactions étant connues et maîtrisées. Le système est déterminé et se reproduit toujours à l'identique. A la différence du monde d'aujourd'hui, dont de nombreuses clés nous échappent et dont la caractéristique principale est qu'il nécessite de notre part de l'improvisation, de l'adaptation et de l'intelligence émotionnelle. Il est de plus en plus difficile d'associer les causes et leurs effets ou leurs conséquences, sachant qu'elles ne se reproduisent plus forcément de la même façon.

L'une des pistes pour affronter cette complexité est d'encourager le travail collaboratif et l'ouverture aux autres, afin de multiplier les regards et les pistes de réflexion créatives. Souvent contradictoires mais toujours stimulantes, elles renforcent les chances de voir émerger les meilleures réponses.

Ambigu, enfin. «Dont le sens est incertain, qui laisse volontairement planer un doute, énigmatique, dont le caractère et la conduite sont complexes et se laissent malaisément définir», selon le dictionnaire. Mais ce qui est ambigu pour certains peut très bien ne pas l'être pour d'autres. Tout dépend du regard que l'on porte. D'où l'importance renforcée de l'intuition, souvent le meilleur des conseillers pour qui accepte de s'y fier. A une époque où nous croulons sous les données de toutes sortes, il n'a jamais été aussi facile de se tromper sur leur interprétation et de prendre les mauvaises décisions. Plus que jamais, la pertinence de l'analyse prime sur le volume. Smart Data plutôt que Big Data. Cela ne garantit en rien le succès. Mais ne plus rien prendre pour acquis, accepter la remise en cause, embrasser le changement et faire preuve d'agilité peuvent apporter un début de réponse à cette quatrième donnée de l'environnement VUCA.

Difficile de mieux résumer le contexte dans lequel les startups excellent à se développer. Nul ne peut en effet prévoir où et quand surviendra la prochaine crise mondiale majeure, d'où viendra le *millennial* qui ubérisera notre activité, quelle nouvelle technologie rendra obsolète celle que l'on vient tout juste d'adopter, comment évolueront les goûts de nos clients, quel impact auront les réseaux sociaux sur leurs décisions d'achat, à quelle vitesse l'intelligence artificielle envahira les derniers aspects de notre vie quotidienne qui lui échappent encore, etc.

Soit autant de facteurs qui rendent difficile toute prévision, et impossible toute planification à long terme. Inutile de vous décrire le stress et la frustration que cela génère dans des conseils d'administration habitués depuis toujours à concilier plans à cinq ans (voire dix ou quinze) et dictature du court terme imposée par les actionnaires.

A l'inverse, toute startup démarre par une page blanche. Le plus souvent sans aucun historique auquel se raccrocher. Sans produit ou service clairement défini. Sans même parfois de marché clairement identifié. Le tout habilement présenté dans un PowerPoint bourré de tableaux Excel reposant rarement sur des hypothèses réalistes. Soit autant de caractéristiques qui expliquent le taux d'échec élevé des startups, mais aussi et surtout les succès extraordinaires que nous connaissons tous. Nées dans l'incertitude, elles s'avèrent bien plus efficaces à la gérer.

Il est temps de faire passer le message à vos équipes et de tomber amoureux de l'incertitude ambiante plutôt que de la craindre ! L'incertitude pousse au dépassement de soi.

Echouer souvent... mais vite !

> « Quelle différence y a-t-il entre l'entrepreneur
> qui réussit et celui qui échoue?
> Ce dernier a arrêté avant de réussir. »
>
> Steve Jobs

Echouer souvent...
mais vite !

Impossible de prononcer le mot startup sans que surgissent immédiatement des formules telles que *Lean Startup*, *Design Thinking* ou *Test and Learn*, qui participent toutes de la même conviction. Pour être efficace, l'innovation doit être frugale (*lean*) et se concrétiser par une série itérative d'allers-retours rapides auprès des clients, que l'on appelle des *runs*. Objectif affiché : tester rapidement une idée ou une fonctionnalité (si possible addictive), puis l'améliorer grâce au feedback de ses futurs utilisateurs et abandonner si elle ne rencontre pas l'adhésion des clients. Développé par Eric Ries dans son ouvrage éponyme *The Lean Startup*[5], le concept s'est peu à

---

5. Crown Business, 2011

peu imposé à travers le monde et présente un avantage majeur. Avec cette méthode, la personne qui porte un projet ou une idée n'a pas le temps de s'attacher à sa création, et accepte beaucoup plus facilement la critique. Par ailleurs, la possibilité qu'offrent les outils numériques de mesurer en permanence l'impact de toute initiative ou de toute amélioration permet de trancher rapidement et de corriger immédiatement.

Chaque boucle doit suivre trois étapes : idée, mise au point, validation. Le principe consiste à confronter le plus rapidement possible une idée avec son marché potentiel par des mises au point ou des remises en cause successives plutôt que de lancer beaucoup plus tard un produit supposé parfait, mais ne rencontrant jamais son public. De la même façon, mieux vaut toujours lancer une première version d'un produit simple, mais exprimant sa radicalité, le fameux MVP (*Minimum Viable Product* ou *Minimum Value Proposition*), plutôt que d'en multiplier les fonctionnalités dès l'origine. Quitte à la simplifier à l'extrême pour obtenir rapidement un premier POC (*Proof Of Concept*, auquel les investisseurs préfèrent de plus en plus un POB, *Proof Of Business*). L'idée est aussi simple qu'efficace : aborder de manière simple les choses complexes, supprimer tout ce qui n'est pas indispensable, aller à l'essentiel et se confronter au marché le plus vite possible pour obtenir les premiers retours clients et commencer à itérer. Parmi les techniques qu'affectionnent les startups, celle de l'*A/B Testing*, qui permet de mesurer l'impact d'un changement de version d'une variable sur l'atteinte d'un objectif (clic, validation, remplissage d'un formulaire, etc.). Priorité à l'expérimentation, l'ergonomie, l'efficacité intuitive et la simplicité d'utilisation grâce à une collaboration permanente entre l'entreprise et la communauté de ses clients au travers de nombreux outils, dont les blogs.

Mais ne nous y trompons pas. Le principe de *simplexité* est toujours à l'œuvre ! Derrière un produit ou un service d'apparence banale pour l'utilisateur se cache souvent en effet un océan de complexité, de technologie et d'intelligence... et parfois des moyens financiers considérables. Derrière une application telle que Waze ou Google Maps, combien de milliards de dollars et d'intelligence au service de notre confort et de notre sécurité sur la route ? Simplifier la vie de ses clients revient toujours à se compliquer sa vie à soi, ce qui rebute généralement les grandes organisations, déjà suffisamment occupées à gérer leurs propres lourdeurs et aberrations en tout genre. Mais cela fournit un puissant moteur à des startups sans passé ni passif et ayant intégré dès leur création le concept de *Customer Effort Score (CES)*, qui mesure désormais le taux d'effort imposé par l'entreprise à ses clients pour utiliser ses produits ou ses services. Nouveau Graal de l'expérience utilisateur (UX) après le NPS (*Net Promoter Score*) qui l'avait déjà révolutionnée, le CES figure parmi les obsessions de nombreux entrepreneurs du numérique et sa prise en compte systématique explique un grand nombre de leurs succès.

Autre concept apparu dans la foulée du *Lean Startup* pour faciliter sa mise en pratique, le *Lean Canvas* proposé par Ash Maurya. Neuf questions pour passer de l'océan rouge (celui de la concurrence féroce, la guerre des prix, la baisse des marges) à l'océan bleu (celui de l'innovation créatrice de valeur différenciante à coût maîtrisé) inventé par W. Chan Kim et Renée Mauborgne. Des questions dont les réponses pourraient vous mener au succès en vous évitant moultes déconvenues et déceptions, à condition bien sûr qu'elles restent alignées avec votre vision et qu'elles n'handicapent pas l'innovation de rupture que vous ciblez.

- Le problème : quels sont les trois problèmes principaux que je souhaite résoudre ? Comment sont-ils actuellement adressés ?
- Les segments de clientèle : qui sont mes clients ? Peuvent-ils être segmentés ?
- Mes solutions : quelles sont les trois principales innovations apportées par mon offre aux problèmes ou aux besoins de mes clients ?
- Ma proposition de valeur unique : en quoi mon offre répond-elle aux besoins du marché ? En quoi est-elle différente et meilleure que les autres ? Quel est le minimum *pitch* pour décrire mon activité ?
- Mon avantage compétitif : en quoi ai-je une longueur d'avance sur mes concurrents ? Comment puis-je m'en protéger ?
- Mes coûts : quels sont les coûts ponctuels et récurrents liés au lancement et au fonctionnement de mon activité ?
- Mes sources de revenus : d'où vont-ils venir ? Qui va payer ?

– Mes canaux : par quels canaux de communication et de distribution atteindre mes clients ? Quels sont les temps forts de la relation client ?

– Mes indicateurs de performance : quels indicateurs clés dois-je surveiller pour vérifier la vigueur de mon activité ?

Autre vocabulaire obligé de la planète startup, les expressions *Fail fast* et *Fail forward*. Au sens anglais de *Fail*, qui signifie « essai manqué » et non « fin de l'histoire ». « Nous ne sommes que l'accumulation de nos échecs. C'est sur la base de nos erreurs que l'on est capable de créer », a déclaré un jour Xavier Niel. « Si vous osez, vous êtes déjà allé plus loin que 99 % des gens », affirmait récemment dans *Les Echos* Daniel EK, le fondateur de Spotify, qui cite Bono dans la foulée : « Les bonnes choses arrivent à ceux qui se défoncent et n'abandonnent jamais. » Qui dit risque dit acceptation de l'échec, intégré comme un ingrédient de la réussite et qu'il convient de banaliser. Car refuser le droit à l'erreur individuelle ou collective, c'est refuser le droit à l'expérimentation qui doit être omniprésente dans toute l'entreprise. Une habitude typique des grandes entreprises adeptes de « l'inertie active » chère à Don Sull, professeur de management au MIT, et développée dans son ouvrage *Revival of the fittest*[6]. Le concept est d'une banalité effrayante : une entreprise qui pousse à l'extrême les recettes qui lui ont toujours réussi dans un environnement en mutation court inévitablement à sa perte. Tétanisés par la peur de l'inconnu, obsédés par leur structure de coûts et victimes des motivations parfois opposées entre actionnaires et managers, de nombreux acteurs historiques optent pour une suicidaire créativité a minima. Fort heureusement, croire que valoriser les seules innovations incrémentales et les seuls réflexes de gestionnaire ne fait courir aucun danger à l'entreprise est en passe d'être violemment contredit par la culture du risque inhérente à l'esprit startup et les succès qu'elle entraîne dans son sillage.

Une croyance parfaitement intégrée à la culture de la Silicon Valley, la Mecque de la « startupsphère », où circule depuis longtemps la blague du type qui a « laissé ses échecs lui monter à la tête » ! N'oublions jamais qu'en anglais, « prendre un risque » se dit *Take a chance* ! Rien de tel de ce côté-ci de l'Atlantique, où la peur nous accompagne dès notre plus jeune âge.

---

6. Harvard Business School Press, 2003

Connaissez-vous en effet une seule histoire racontée aux enfants qui valorise le risque ? Qu'il s'agisse du Petit Poucet ou de la chèvre de Monsieur Seguin, le loup est toujours là, qui rôde et qui menace... Pas étonnant, dans ce contexte, qu'il faille neuf années à un Français pour se remettre d'un échec professionnel et se réinventer, quand un Danois ne met qu'un an et un Allemand six, à en croire l'ex-ministre Fleur Pellerin.

« Une personne qui n'a jamais commis d'erreur n'a jamais innové », disait Albert Einstein. Toute création d'entreprise est un saut dans l'inconnu dont on ne ressort jamais indemne. Ni le risque ni l'échec ne font pourtant peur aux startuppers, qu'ils voient comme une chance d'apprendre et de progresser. Rebondir et tirer rapidement les leçons de leurs erreurs font partie de leur ADN. Quand la plupart des gens décrivent un échec, l'entrepreneur préfère évoquer « une solution qui n'a pas marché », s'inspirant de la science qui ne parle jamais d'échec, mais d'expérimentation. Dans un labo de recherche, on considère un revers comme une hypothèse invalidée, qui « nous permet de sonder les profondeurs de notre ignorance », pour reprendre l'expression de Stuart Firestein.

Auteur d'un ouvrage passionnant sur l'ignorance et d'un second sur les vertus de l'échec, ce biologiste américain voit dans l'une et l'autre l'origine des plus grandes découvertes. Henry Ford a connu plusieurs liquidations avant de connaître le succès. Bill Gates a abandonné ses études à Harvard et planté une première boîte, tout comme le fondateur de Sony qui aurait pu ne jamais se remettre du flop de son autocuiseur pour le riz. Quid aussi de l'humiliation infligée à Steve Jobs, contraint de quitter Apple... avant le grand retour de celui qui a changé nos vies pour toujours ? Et que dire du mobile *Fire*, lancé par Amazon aux Etats-Unis en juillet 2014 au prix de 199 dollars ? Quelques semaines plus tard, il ne valait plus que 99 centimes avant d'être retiré du marché, causant la perte de 170 millions de dollars mais préparant le terrain pour l'enceinte intelligente Echo et la charmante Alexa qui sont en train d'envahir des millions de foyers américains... et désormais les nôtres. Le vrai début d'une nouvelle révolution, celle de la *voice recognition* (reconnaissance automatique de la voix) qui banalise l'usage de la parole pour communiquer en langage naturel avec toutes les machines qui nous entourent.

Il faut dire que la vie d'un startupper est riche en échecs et en déceptions successives, à commencer par le dur chemin de croix de la levée de fonds. Combien de fois faut-il *pitcher* et s'entendre dire « revenez nous voir quand vous aurez votre POC (*Proof Of Concept*) » sans jamais perdre confiance en son projet ? Combien de refus faut-il endurer avant que quelqu'un ne finisse par croire en vous et vous accompagner ? Loin de décourager, l'adversité renforce et fait des miracles. D'AirBnB à Amazon en passant par Skype ou Alibaba, on ne compte plus les centaines de rendez-vous sans lendemain réalisés à leurs débuts par leurs légendaires créateurs auprès d'investisseurs. Pas plus que les refus essuyés pendant des mois, présentation après présentation, les obligeant à repartir au combat sans jamais baisser les bras et faisant d'eux les rois du *pitch* et les champions de l'adversité. En situation d'échec, le startupper essaie de ne jamais l'attribuer aux autres et préfère s'interroger sur ce qu'il a appris à cette occasion.

Cette façon d'envisager ses revers lui confère un avantage supplémentaire : sa capacité à pivoter, autre mot magique omniprésent dans la planète jeune pousse. Toutes les startups qui font aujourd'hui l'admiration des entrepreneurs ont dû pivoter à une ou plusieurs reprises. BlablaCar a testé six *business models* avant de trouver le bon. Conçu à l'origine pour faciliter les transferts d'argent avec un Palm Pilot (que cela semble loin…), Paypal est vite devenu un système universel de paiement en ligne. Avant de lancer la future licorne Critéo, Jean-Baptiste Rudelle s'est planté avec Kallback, qu'il décrit volontiers comme un « désastre total ». Tenace, il lui faudra ensuite plusieurs années et plusieurs pivots pour trouver le bon modèle économique pour sa seconde entreprise. Initialement dénommé The Point, Groupon avait pour vocation initiale de permettre à ses utilisateurs de servir des causes qui leur tenaient à cœur. Twitter est issu d'Odeo, qui proposait une plateforme d'hébergement, de diffusion et d'enregistrement de podcasts. Avant de s'appeler Instragram et de connaître le succès, l'appli qui cartonne aujourd'hui tentait de convaincre sous le nom de Burbn et permettait aux utilisateurs de faire des recherches sur des lieux de sortie, de préparer des virées entre amis et de poster les photos de ces rendez-vous.

D'un service de livraison de DVD en ligne, le géant Netflix a quant à lui muté en plateforme de streaming grâce au *cloud*, illustrant à la perfection le principe de la « double courbe en S » développé par l'entrepreneur Peter Hinssen dans son livre *The day after tomorrow*[7] (*How to survive in times of radical innovation*). Au moment où la première courbe de ses ventes commençait à s'infléchir, Reed Hastings a eu l'intelligence de changer radicalement de modèle et de créer ainsi une nouvelle courbe en S avant qu'il ne soit trop tard, en misant tout sur l'abonnement et sur la rente. Un pivot qui lui permet de concurrencer désormais les plus grands studios hollywoodiens et qui démontre la pertinence du conseil de Peter Hinssen : consacrer 70 % de son temps à son business actuel, 20 % à celui de demain et 10 % à un horizon plus lointain. Grâce aux millions de données qu'il collecte en *live* tous les jours sur les goûts, les émotions et le comportement de ses abonnés dans le monde entier, Netflix enchaîne les *blockbusters* qui font mouche.

Soit autant d'exemples qui illustrent l'une des priorités que tout dirigeant ou tout manager désireux de rester dans la course à l'innovation doit se fixer :

---

7. Nexxworks, 2017

donner carte blanche à tous ses collaborateurs pour qu'aucun échec ou aucune déception ne vienne plus jamais décourager leur envie d'aller au bout d'une idée à laquelle ils croient, et dont ils pensent qu'elle pourrait faire progresser leur entreprise.

6

Data is king

« In God we trust. All others must bring data. »
William Edwards Deming

Data is king

« Nous croyons en Dieu. Tous les autres doivent venir avec des données. » Si une simple recherche sur Google permet de trouver des centaines de citations sur n'importe quel sujet, le choix est encore très limité quand on tape le mot « data ». D'où mon soulagement d'avoir déniché par hasard cette formule du célèbre statisticien et consultant américain William Edwards Deming pour ouvrir ce sixième chapitre. Disparu en 1993, sans doute se réjouirait-il de voir la data devenir l'or noir du 21ème siècle. A l'image du pétrole, les données sont partout et ne demandent qu'à être extraites et exploitées.

Au début des années 80 sur les bancs de l'ESSEC, je me demandais pourquoi l'école nous infligeait des cours de Basic et de Cobol auxquels je ne comprenais strictement rien et qui étaient devenus pour moi qui suis nul en maths un véritable cauchemar hebdomadaire. A chaque fois que je me retrouvais face à une page blanche obligé d'aligner des séries de chiffres énigmatiques me revenaient en boucle les mêmes questions. « Pourquoi tant de haine ? », « A quoi diable cela pourra-t-il m'être utile un jour ? », « Qu'est-ce que je fais là ? ». Je confirme qu'au-delà de l'exercice intellectuel que cela représentait sans doute à l'époque, cela ne m'a jamais servi à rien au début de ma vie professionnelle. Quelques années plus tard naissaient le premier Macintosh d'Apple et sa célèbre souris, et avec eux un monde nouveau dans lequel il n'était plus nécessaire d'avoir la bosse des maths pour profiter pleinement des bénéfices de l'informatique. On pouvait déléguer la programmation aux *geeks* de l'époque, et se contenter de cliquer sur le mulot !

Que cela parait loin ! Rien de tel aujourd'hui, à l'heure ou savoir coder ouvre les clés de l'économie numérique et de la disruption et où émerge le concept de *data goodwill*, à l'image du *brand goodwill*. Qu'elles soient « froides » (statiques et stockées dans des bases existantes) ou « chaudes » (récemment collectées ou produites en temps réel et devant être exploitées rapidement), les données sont au cœur de la révolution que nous sommes en train de vivre. Elles se logent dans une multitude de cases, et la capacité à les inventorier, collecter, stocker, analyser, visualiser, récupérer, utiliser, diffuser et partager est à l'origine des plus grands succès planétaires récents. Ce sont elles qui ont transformé en vingt ans de minuscules startups en géants mondiaux, menaçant l'un après l'autre d'innombrables secteurs d'activité. Elles qui offrent un atout considérable aux jeunes entrepreneurs du numérique. Elles dont les bases gigantesques, propriété des GAFA et autres BATX, éduquent l'intelligence artificielle et ont donné à l'Amérique et à la Chine une avance que certains jugent irrattrapable par les petits poucets européens. Certes talentueux mais partis trop tard, ces derniers sont en outre handicapés par des marchés locaux trop petits et une multitude de langues différentes à gérer.

Grâce à la data, les startups ne se contentent plus d'identifier les attentes d'un client, puis d'y répondre. Une parfaite maîtrise des données leur permet en effet de créer de nouveaux besoins, le plus souvent insoupçonnés de la part même de ceux auprès desquels elles les collectent. D'où l'importance stratégique d'être et de rester propriétaire de sa data pour ne pas se faire désintermédier par des acteurs *data driven*. Plus que jamais, sa valeur dépend de l'accès au client qu'elle réserve et garantit à celui qui la possède et en conserve la maîtrise. C'est ainsi que Netflix accumule des montagnes d'informations et transforme un amateur de films en passionné de séries ou de documentaires, par la magie d'algorithmes vertueux semblant deviner à la perfection ce qui va le faire vibrer et le rendre *addict* à tel personnage ou telle histoire. Au point de pouvoir modifier la photo présentant une série choisie par l'abonné pour mieux le fidéliser, en fonction d'émotions détectées par un moteur algorithmique. Là où une entreprise traditionnelle vise des catégories de clients, seniors, CSP+, ménagère de moins de quarante ans, etc., la startup cible souvent des niches, voire désormais une infinie multitude de personnes uniques grâce à l'intelligence artificielle et aux données qu'elle accumule sur elle.

Autre tendance de fond déjà évoquée et que le Big Data accélère, le passage de l'économie de la propriété à celle de l'usage, que l'on doit aux startups et qui entraîne lui aussi d'innombrables conséquences.

Pourquoi posséder un bien (bateau, voiture, tracteur, perceuse, etc.) dont on ne se sert que quelques jours ou semaines par an ? Pourquoi s'encombrer de biens coûteux ou encombrants, quand il suffit de les louer en s'abonnant à un service que l'on peut résilier à tout moment ? L'achat n'est plus la fin, mais le début de la relation avec le client, dont il convient de tout connaître des goûts, des attentes, des humeurs et du fonctionnement pour le conserver dans la durée.

Qui dit startup dit donc culture de la data. Qui dit data dit algorithme. Et qui dit algorithme dit intelligence artificielle, probable source future de tous les pouvoirs, qui nous oblige à raisonner désormais *AI first*. Plus qu'elle ne se programme, l'IA (que Joël de Rosnay préfère appeler Intelligence Auxilliaire) s'éduque, s'entraîne et ne cesse de s'alimenter par les montagnes de données que nous lui fournissons. Développée par d'innombrables startups et intégrée dès la conception de leurs produits et de leurs services, elle envahit rapidement notre quotidien (reconnaissance vocale, faciale, etc.), suscitant les espoirs les plus fous (dans le domaine de la santé, notamment) et les craintes les plus vives (dans le domaine de la vie privée). A en croire une étude publiée par McKinsey, la quantité de données disponibles grandit de 40 % par an, tandis que les coûts de calcul s'effondrent, divisés par plus de mille entre 2003 et 2016. Une autre étude du McKinsey Global Institute estime que d'ici à 2030, quatre cents à huit cents millions d'individus vont devoir trouver de nouveaux emplois, dont beaucoup n'existent pas aujourd'hui. Et déjà, les visions apocalyptiques se multiplient, compte tenu de la vitesse inédite des mutations actuelles qui rendent de plus en plus aléatoire toute comparaison avec le passé et de moins en moins fiable toute prédiction.

N'est-il pas indécent, voire dangereux, qu'une poignée (certes talentueuse) d'acteurs dans le monde capte gratuitement l'essentiel des données que nous leur fournissons le plus souvent gratuitement sans même nous en rendre compte, au prétexte que leurs services nous sont accessibles sans bourse délier ? Est-il sain que nous laissions la technologie s'inviter à ce point dans notre vie privée ? Quels jobs l'intelligence artificielle va-t-elle faire disparaître, et dans quelles proportions ? Quels autres vont devoir muter profondément ? Destruction et création d'emplois vont-elles se produire au même rythme, ou bien avec un décalage qui sera longtemps traumatisant pour la plupart des gens ? De nouveaux métiers (analyse des données, IA, programmation, etc.) apparaîtront-ils en nombre suffisant pour compenser cette érosion ? Comment rassurer ceux de nos collaborateurs qui s'en inquiètent ? Doit-on s'y préparer dès aujourd'hui, et si oui comment ? Les gains de productivité ne vont-ils pas bénéficier de façon éhontée qu'à une infime minorité de privilégiés ? L'IA va-t-elle créer une société (voire un monde) toujours plus inégalitaire ? L'industrie et la technologie pourront-elles se passer des humains ? Tous les pays pourront-ils bénéficier de la quatrième révolution industrielle, celles des capteurs et de l'internet des objets (IoT) ? Les multiples capteurs qui vont nous entourer seront-ils une menace pour notre santé ou notre liberté ? Les nations numériques seront-elles seules à dominer le monde, à l'image de celles qui possèdent l'arme atomique depuis sa création en 1945 ? Une nouvelle aristocratie numérique va-t-elle émerger, avec l'apparition d'un nombre limité d'êtres humains augmentés et immortels qui formeront la nouvelle élite ? D'ici 2040 ou plus tôt ? Le monde politique doit-il reprendre la main ? Faudra-t-il interdire à un seul acteur de maîtriser l'ensemble d'une chaîne de valeur ?

En résumé, ce monde est-il vraiment souhaitable ? Une chose est certaine. Son mouvement est irréversible. Nous sommes tous concernés, quel que soit notre secteur d'activité, même si 47 % des PME françaises estiment que la révolution digitale n'aura pas d'impact majeur sur leur activité d'ici cinq ans, à en croire une étude de la BPI publiée fin 2017. Tout ce qui est peu qualifié et répétitif est pourtant en voie d'être mécanisé, et les machines seront bientôt imbattables dès lors qu'il s'agira de tester des millions de combinaisons et de nous aider dans des opérations complexes, menaçant à l'évidence d'innombrables emplois non qualifiés. Un contexte qui donne toute sa saveur à la blague racontée par Erik Brynjolfsson et Andrew McAfee dans leur dernier livre *Des machines, des plateformes et des foules*[8] : dans l'usine du futur, il n'y aura que deux salariés : un être humain et un chien. Le travail de l'humain sera de nourrir le chien, et le travail du chien sera d'empêcher l'humain de toucher aux robots.

---

8. Editions Odile Jacob, 2018

Le cerveau humain reste heureusement une machine inégalée, et l'homme aura longtemps encore le dessus sur des sujets ouverts. D'après IBM, aucun système artificiel n'est actuellement capable de réaliser autant d'opérations que lui dans un volume aussi petit avec une consommation d'énergie aussi faible. Cessons donc de prophétiser la fin du travail, car aucune révolution ne l'a jamais fait disparaître. Et préparons plutôt sa mutation, comme cela s'est produit à d'innombrables reprises dans l'histoire de l'humanité. La grande majorité des emplois ne seront que partiellement automatisables, mais tous seront affectés, car « dans les sentiers battus, les ordinateurs seront toujours meilleurs que nous », comme le prétend le consultant essayiste Luc de Brabandère.

Aucun secteur n'y échappe, ou n'y échappera. Algorithmes et Big Data révolutionnent déjà le marché de la bière en créant de nouvelles recettes pour mieux répondre au goût spécifique de chacun, forçant les brasseurs historiques à investir dans l'IA. Dans certains établissements, des robots intelligents s'apprêtent à remplacer les barmen derrière le comptoir. Après les radiologues et les dermatologues, menacés par des ordinateurs apprenants situés au bout du monde et capables de rivaliser avec les meilleurs d'entre eux parce qu'ils auront analysé des millions de clichés, voici que toutes les professions du droit sont menacées par des plateformes numériques : avocats, experts-comptables, commissaires aux comptes, conseillers patrimoniaux, notaires, assureurs, voire l'institution judiciaire elle-même. Et que dire des consultants, architectes, designers, voire des auteurs ?

Inutile donc de lutter contre le tsunami numérique et de retarder plus longtemps notre propre plongeon dans l'univers de la data, qui devient un actif stratégique des entreprises et dont la valeur financière ne va cesser de croître. Commençons dès aujourd'hui à la collecter dans chaque recoin de l'entreprise. Quel que soit notre métier ou notre secteur d'activités, devenons *analytic driven* et surfons rapidement sur l'intelligence artificielle et le *machine learning*, deux des plus puissantes tendances du moment. Approprions-nous d'urgence la « culture 4.0 », pour ne pas être mis trop rapidement échec et mat par une poignée de géants aux commandes de plateformes dont le pouvoir et l'influence sur nos vies ne cessent de croître. Cela passe bien sûr par l'intégration rapide de jeunes *data scientists* aux équipes existantes, ces experts capables d'optimiser la data et de l'augmenter, afin de mieux prédire et de mieux décider. Mais cela ne suffira pas, si l'on se contente de la collecter sans faire preuve d'imagination quant à son utilisation. Car jamais la data ne remplacera la créativité. Place à l'inventivité, l'anticipation des besoins de nos clients, la découverte et l'exploitation de leurs émotions ! Un secret de plus à emprunter aux startups, qui pourrait bientôt prendre le nom de « Netflixation » de l'économie.

Les valeurs avant les process

> *« Manager par les valeurs,
> c'est un engagement à transformer toute l'entreprise.
> Et cela vient du dirigeant. »*
>
> Jacques Horovitz

Les valeurs avant les process

« Des valeurs ? Bien sûr que nous avons des valeurs ! Nous en avons même cinq. Intégrité, enthousiasme, excellence… Euh, laissez-moi réfléchir un instant, il m'en manque deux… J'appelle mon assistante, elle va me donner les deux dernières, je crois qu'elles sont affichées derrière son bureau. » Je suis certain que vous aurez du mal à croire que cette scène surréaliste se soit réellement produite dans le bureau du big boss d'un grand groupe. Affligeant ? Assurément. Rarissime ? Malheureusement pas tant que cela ! Et pas uniquement dans le seul bureau des présidents du CAC 40. C'est d'autant plus regrettable que le management par les valeurs est un extraordinaire levier de croissance, qui facilite le travail en équipe, encourage l'esprit d'initiative et favorise les décisions rapides. A condition bien sûr qu'elles soient compréhensibles par tous, alignées avec un projet et applicables concrètement quelle que soit son activité dans l'entreprise. Fondateur de Chateauform', une ex-startup devenue un acteur majeur de l'événementiel en France, le regretté Jacques Horovitz aimait rappeler « qu'avoir des valeurs, ce ne sont pas juste des mots à afficher. Manager par les valeurs, c'est un engagement à transformer toute l'entreprise. Et cela vient du dirigeant. »

A l'image de Frédéric Mazzella. Une simple visite du site web de Blablacar à la page « Inside Story » suffit en effet à résumer ce qu'est l'esprit startup, et à expliquer en quoi les valeurs de cette entreprise de co-voiturage ont sans aucun doute contribué à en faire une licorne.

– Think it. Build it. Use it. (Comment tout a commencé)

– We are passionate. We innovate. (Explorer le monde du partage)

– Fail. Learn. Succeed. (Itérer pour réussir)

– The Member is the boss. (Etre à l'écoute de sa communauté)

– Done is better than perfect. (Faire évoluer le produit)

– Vanity :(Sanity :l Reality :) (Financer sa croissance)

– Never assume. Always check. (Etendre son empreinte géographique)

– Share more. Learn more. (Grandir ensemble)

– Fun and serious. (Entretenir une culture unique)

– In Trust we trust. (Développer la confiance à grande échelle)

Ne soyons pas naïfs pour autant. Si de nombreux entrepreneurs démarrent leur aventure en s'appuyant sur des valeurs auxquelles ils sont sincèrement attachés, beaucoup s'en éloignent peu à peu à mesure que la complexité croissante de leur organisation les amène à mettre en place des règles et des process qui les contredisent ou qui s'en affranchissent. Combien de fois l'impératif de la rentabilité immédiate a-t-il ainsi pris le pas sur le bon sens quand il s'est agi de faire preuve de générosité pour calmer la colère d'un client mécontent et le fidéliser ? Combien de fois la « valeur » audace a-t-elle été contredite par un reproche adressé ou une sanction infligée à un collaborateur ayant pris un risque mais n'ayant pas réussi son pari ? Combien de fois surtout les dirigeants de grands groupes, d'ETI ou de PME ressentent-ils la nécessité de repasser par la case valeurs, pour redonner du sens à un projet qui souvent n'en a plus aucun ? Mais combien de fois aussi cela tombe-t-il à plat, tant deux ou trois séances de brainstorming avec des consultants hors de prix débouchant sur quelques mots à la mode incarnent rarement le véritable ADN de leur entreprise ?

Je n'oublierai jamais ma visite du supermarché Stew Leonard's dans le Connecticut, au début des années 90. Accompagnant soixante patrons de la distribution française soucieux de percer les secrets des champions américains du service, nous avions littéralement été pris en otage dans le bus qui nous y avait menés par la jeune femme censée nous faire découvrir la philosophie du fondateur de l'enseigne. « Comment prononcez-vous les trois lettres W-O-W ? », nous avait-elle lancé en guise d'accueil ? Constatant le manque d'enthousiasme (*so French*) des participants à crier « waouh », elle ne nous autorisa à sortir du bus qu'une fois jugée acceptable par elle l'énergie de notre groupe ! Une façon comme une autre de nous faire comprendre que ces trois lettres résumaient à elles seules les valeurs de la marque. Je venais de découvrir le concept d'enthousiasme client et le désormais universel « effet waouh », dont le fondateur Stew Leonard pourrait légitimement revendiquer aujourd'hui la paternité.

Inutile de vous dire que nous sommes allés de surprise en surprise au cours de cette visite, à commencer par le rocher en carton-pâte installé à l'entrée du magasin annonçant : « Règle numéro un : le client a toujours raison. Règle numéro deux : si le client a tort, relisez la règle numéro un. » Plus étonnant encore, et véritable clé du succès de l'entreprise, cette phrase affichée dans la salle de pause des collaborateurs du magasin : « Règle numéro un : en toutes circonstances, utilisez votre bon sens. Règle numéro deux : il n'y aura pas de règle additionnelle. » Anecdotique ? Bien sûr que non. Mettez-vous à la place d'un salarié à qui on expliquerait que son seul job est d'imaginer en toute liberté ce qui ferait plaisir à ses clients, et de le mettre en œuvre chaque jour sans rien devoir demander à quiconque. La simplicité a souvent bien des vertus. Etre capable de faire du bon sens et de « l'enthousiasme client » les principales valeurs d'une entreprise, et surtout mettre réellement en pratique ces convictions, en disent long sur la maturité de son management et la confiance que l'entreprise porte à ses équipes. Ne serait-ce d'ailleurs pas là le vrai secret, l'ultime étape, de l'entreprise dite « libérée », que certains préfèrent qualifier de « responsabilisante », dernier concept à la mode dans les structures dont l'organisation en silos, les rivalités internes et la complexité des procédures freinent toute initiative ?

Même philosophie chez Netflix en matière de notes de frais par exemple, lorsque l'entreprise invite ses collaborateurs à toujours « agir dans le meilleur intérêt de l'entreprise », responsabilisant ces derniers en faisant le pari de la confiance et en évitant de coûteux contrôles, le plus souvent inutiles. L'idée est d'avoir le moins de règles formelles possibles, et de privilégier en toutes occasions la prise d'initiatives. Ce même principe qui m'avait guidé en rédigeant le livret de bienvenue de nos futurs collaborateurs, avant même la création de Columbus Café. « Nous ne vous en voudrons jamais d'avoir fait perdre de l'argent à notre entreprise en pensant bien faire pour enthousiasmer vos clients, mais nous vous en voudrons toujours de ne pas avoir tout tenté pour y parvenir. »

Alors pourquoi parler de valeurs, dans un livre censé révéler ce qui fait la force des startups pour mieux s'en inspirer ? Tout simplement parce que la nature bouillonnante d'une startup, le manque fréquent d'expérience ou de repères de ses fondateurs et leur vision le plus souvent inspirée par quelques icônes *customer-centric* comme Jeff Bezos, Steve Jobs ou Tony Hsieh leur procurent un avantage décisif sur leurs illustres aînés : leurs valeurs priment sur les process et leur donnent toutes les audaces, cette « part de volonté qui s'ajoute à l'analyse pour forcer le destin », pour reprendre l'expression de Roger-Pol Droit.

Aucune procédure, aucune habitude, aucune règle, aucune contrainte, aucun comité ne vient menacer ou concurrencer leurs croyances et leurs pratiques, lesquelles découlent le plus souvent de leur vision : embaucher des passionnés, s'amuser, prendre du plaisir, écouter les clients, se glisser dans leurs chaussures, comprendre leurs frustrations et leurs besoins, être toujours les premiers utilisateurs des produits ou des services qui leur sont proposés, développer une culture de l'empathie, construire une relation de proximité avec eux, privilégier l'intelligence émotionnelle et la complicité, inventer en permanence de nouvelles fonctionnalités enthousiasmantes et addictives, prendre des risques, encourager et accepter l'échec, etc.

Dans le nouveau monde, les valeurs influencent profondément le management. Les meilleurs startuppers savent ainsi que pour être opérationnelles, il ne sert à rien de les afficher dans un bureau ou un couloir, à l'image du pourtant célèbre *Move fast and break things* accueillant les visiteurs au siège de Facebook. Ils n'oublient jamais qu'elles doivent être intimement (voire émotionnellement) partagées. Au point parfois d'encourager ceux de leurs collaborateurs qui n'éprouvent pas un désir sincère de participer pleinement à l'aventure à la quitter. Le fait que certains ne ressentent aucune attirance pour le produit qu'ils vendent, ou qu'ils n'aient aucune affinité avec ce qui motive l'équipe, est un obstacle que de nombreux fondateurs combattent rapidement. Non pas par sadisme, méchanceté ou violence, mais bien par obligation et efficacité. Au sein d'une petite équipe aux ressources limitées lancée à la poursuite de son rêve, il y a généralement peu de place pour des combats inutiles et perdus d'avance. Que seuls ceux qui m'aiment me suivent!

Inventé par Tony Hsieh, fondateur de Zappos, le programme « Pay to Quit » a de quoi surprendre dans le contexte rigide du droit social français. Il n'en est pas moins révélateur de la puissance d'une culture d'entreprise quand elle est véritablement incarnée, et qu'elle ne sert pas de simple affichage cosmétique. Pour tester le niveau d'implication et d'adhésion de ses salariés à son ambition de « livrer du bonheur » (et pas seulement des chaussures) à ses clients, il décida un jour d'offrir quatre mille dollars à l'issue de leur formation initiale à tous ceux de ses nouveaux collaborateurs préférant quitter l'entreprise plutôt que de s'y engager durablement. Copié et adapté ensuite par Jeff Bezos chez Amazon, le programme ne cibla plus les derniers embauchés, mais l'ensemble des collaborateurs des centres logistiques, provoquant de nombreuses sueurs froides parmi ses actionnaires inquiets des conséquences d'une telle initiative. Intitulée « Please don't take this offer » (SVP n'acceptez pas cette proposition), l'offre initiale de deux mille dollars leur est proposée chaque année. Et chaque année, le bonus augmente de mille dollars jusqu'à atteindre un plafond de cinq mille dollars, en réalité rarement choisi par les personnes concernées.

Une façon pour Bezos de permettre à ses salariés de savoir ce dont ils ont vraiment envie et de prendre la mesure de leur engagement. Aucun doute à ses yeux : « A long terme, avoir un salarié qui reste dans un endroit dont il ne veut pas est malsain pour lui et pour son entreprise ».

Même exigence chez Alibaba, dont le richissime fondateur Jack Ma prône lui aussi l'importance d'être impliqué dans son job. « C'est dur aujourd'hui. Demain sera encore plus dur. Mais le jour d'après est magnifique. Si vous n'abandonnez pas, vous avez une chance. Nous allons réussir parce que nous sommes jeunes et que nous n'abandonnons jamais. Jamais ! Si nous travaillons de huit heures du matin à cinq heures de l'après-midi, c'est que nous ne sommes pas une entreprise high tech et qu'Alibaba ne sera jamais un succès. Si nous avons un état d'esprit « huit à cinq », alors nous devrions nous en aller et faire autre chose. Alibaba, ce n'est pas un job, c'est une cause. » Afin de conserver ses meilleurs éléments, Netflix invite quant à lui ses managers à se demander régulièrement pour lesquels de leurs collaborateurs ils seraient prêts à se battre pour les conserver si ceux-ci étaient tentés d'aller occuper un poste équivalent en dehors de l'entreprise.

Soit autant de pratiques qui peuvent faire débat, mais dont force est de reconnaître l'efficacité opérationnelle, et qui attestent s'il en était besoin que l'adhésion d'une équipe à un projet est une condition sine qua non de son succès. Et autant de convictions dont la mise en œuvre simultanée explique que l'une des valeurs le plus souvent associée aux startups est l'agilité, condition essentielle à la réussite d'un cocktail aussi explosif ! Dans un livre passionnant intitulé *Smart Simplicity*[9], Yves Morieux et Peter Tollman révèlent que si la complexité du monde a été multipliée par six entre 1995 et 2010, la complication des entreprises l'a été par trente-cinq dans la même période. Il est donc urgent de comprendre que créer par exemple une « Direction de la simplification » en guise de réponse à la bureaucratie ambiante ne fait guère qu'ajouter une complication supplémentaire à une organisation. Mieux vaut laisser chacun de ses collaborateurs faire la chasse aux tâches idiotes en toute liberté que d'en confier la responsabilité à une « Police de la complexité ». Cloisonnement des fonctions, stratification hiérarchique, multiplication

---

9. Editions Manitoba/Les Belles Lettres, 2014

des directions, rouages internes, comités, *KPIs*, contrôles, outils d'évaluation, procédures, etc. aboutissent partout à des millefeuilles indigestes et de plus en plus inopérants.

Si la croissance d'une entreprise crée naturellement de la complexité, n'oublions jamais que la complexité finit toujours par ralentir, puis tuer la croissance. Coordination, monitoring des processus, réunions et *reporting* deviennent le cauchemar quotidien du management, qui en vient à oublier sa fonction première, à savoir créer et entretenir un environnement dans lequel ses équipes vont pouvoir donner le meilleur d'elles-mêmes. « Les solutions utilisées par l'entreprise pour répondre à des exigences de performance devenues plus complexes ont, en fait, créé des labyrinthes organisationnels qui brident la productivité et les capacités d'innovation tout en démotivant les individus avec toujours plus de souffrance au travail », affirment les deux consultants du BCG. Ce qui fonctionnait dans un monde simple devient inopérant dans un monde complexe, où la priorité n'est plus d'ajouter, mais de retirer. Pour eux, la clé est de donner de l'autonomie à ses équipes tout en s'assurant que leur action sert le collectif.

Seul moyen d'y parvenir, confronter les personnes aux conséquences de leurs actes, à l'image de la place de l'Etoile à Paris, énigme mondiale en matière de circulation automobile citée en exemple par Yves Morieux. Alors même que douze larges avenues y convergent (dont la plus belle avenue du monde), que le trafic y est d'une incroyable densité, qu'aucun feu ou marquage au sol n'y guide quiconque et que le contexte y est de nature hautement complexe et anxiogène, les accidents y sont rarissimes. Chaque conducteur prend ses responsabilités et se concentre sur sa propre conduite et sur celle des autres. A l'image des autoroutes allemandes où les berlines foncent parfois à cent quatre-vingts à l'heure sans provoquer plus d'accidents que sur une nationale française où l'on roule deux fois moins vite. Attention maximale, réciprocité, coopération. Ma vie dépend de celle des autres. Je vais à l'essentiel. La responsabilité se révèle bien plus efficace que la menace de la sanction.

Pour adapter ce miracle urbain à la vie des entreprises, Morieux et Tollman recommandent six règles pour une « simplicité intelligente » qu'aucune startup ne renierait. Comprendre le travail des autres (leurs comportements quotidiens, actions, interactions, objectifs, contraintes, etc.). Renforcer le rôle des « intégrateurs » (quiconque favorise la collaboration), supprimer les couches de management et les règles inutiles. Augmenter l'autonomie et la quantité totale de pouvoir au service du groupe (place au bon sens et à l'intelligence). Etendre l'ombre du futur (expliquer aux gens les conséquences de leurs actions). Accroître la réciprocité (comprendre et reconnaître l'intérêt qu'il y a à coopérer). Récompenser ceux qui coopèrent (et seulement eux). Six règles simples, en apparence. Mais loin d'être acquises dans des organisations habituées depuis toujours à fonctionner en silos, à multiplier les niveaux hiérarchiques, à refuser le pouvoir aux premières lignes et à bâtir des murs plutôt que des ponts. Tel est pourtant le prix à payer pour mettre en œuvre la *simplexité*, valeur-clé de la planète startup.

Si vous avez peur de vous lancer, commencez par faire un test. Repérez une procédure particulièrement lourde, agaçante, coûteuse et régulièrement dénoncée ou mal vécue par vos équipes. Annoncez sa suppression immédiate et totale à effet immédiat. Et remplacez-la par une valeur simple (voire universelle) et compréhensible par tous, laquelle sera désormais le seul juge de paix de toute action destinée à la remplacer. Après une période forcément un peu chaotique et d'inévitables ratés, vous serez surpris des résultats et pourrez facilement vous attaquer à d'autres process inutiles et coûteux !

Travailler « avec » et non plus « contre »

« On n'achète pas une startup juste pour la mettre sur une étagère. Il faut qu'elle bouscule nos organisations. »
Arthur Sadoun

Travailler « avec » et non plus « contre »

La réussite se conjugue désormais au pluriel. Depuis près de quinze ans, mon compère Arnaud Le Gal et moi recevons chaque semaine sur *BFM Business* des entrepreneurs aguerris dont les parcours, tous si différents et si proches à la fois, sont une formidable illustration de l'esprit entrepreneurial français. Dans chaque émission, nous accueillons également la « niaque de la semaine », une jeune entreprise qui fait bouger les lignes. Certains de nos invités sont surtout motivés par une mission, d'autres (beaucoup plus rares) le sont par l'argent, tous par la liberté de choisir leur chemin, d'être indépendants et d'avoir un impact social. Avec le recul, une évidence s'impose. Si les plus anciens créaient seuls leurs entreprises, les startuppers fonctionnent à plusieurs et chassent en meute. Plus personne ou presque ne se lance dans l'aventure en solitaire. Et quand c'est le cas, leur priorité est souvent de trouver un associé pour les sortir de leur isolement et partager leur rêve. Cela n'a l'air de rien mais ça change tout, car cela modifie en profondeur l'exercice du pouvoir dans l'entreprise. Si la prise de décision est parfois plus longue et plus rock and roll, au moins est-elle plus facilement comprise et rapidement acceptée. Sous l'impulsion d'une nouvelle génération, entreprendre est devenu un jeu collectif.

Que la montée en puissance des startups ait coïncidé avec l'explosion des réseaux sociaux n'est pas davantage un hasard. Car en procurant gratuitement aux jeunes entrepreneurs un outil de conception, de partage et de promotion d'une puissance jusqu'alors inconnue, Facebook, Twitter, Snapchat, WhatsApp, Instagram et consorts ont révolutionné l'accès au marché pour tous les entrepreneurs. Avec bien sûr un énorme avantage aux *millennials* multi-tâches, dont la dextérité sur un clavier leur permet de communiquer plus vite que leur ombre avec leur communauté d'amis, de fans et de clients.

Les smartphones ont envahi nos vies, au point de donner naissance à une nouvelle maladie, la nomophobie (la peur d'être séparé de son mobile) et à une nouvelle génération de *screenagers* (contraction de *screen* et *teenager*), ces adolescents qui ne peuvent plus vivre loin de leur écran, devenu leur principal lien avec le monde extérieur. Habituée à *scroller* jour et nuit sur ses fils d'actualités et à surveiller en permanence sa popularité virtuelle, la génération Snapchat recherche en permanence de nouvelles façons de communiquer et de créer, lui donnant une indéniable longueur d'avance sur celles qui l'ont précédée. Elle a ainsi inventé les formats courts, ayant compris avant les autres que l'augmentation du temps passé sur nos smartphones réduit et fragmente chaque jour davantage notre temps de cerveau disponible et celui qu'il nous reste pour capter l'attention de nos clients. Un principe qui explique le succès grandissant des *stories*, une discipline dans laquelle elle excelle et qu'elle plébiscite pour gagner de la visibilité à moindre coût et améliorer l'expérience utilisateur.

Le phénomène oblige le marketing et toutes les entreprises à penser désormais *mobile first*. La folie *selfie* et la tendance au *personal branding*, qui transforment ses adeptes en autant de marques qui s'auto-promeuvent en permanence sur tous les écrans, bouleverse ainsi tous les codes du marché de la beauté. Le smartphone est devenu notre miroir, et ses nouveaux codes visuels font dire au président de L'Oréal Jean-Paul Agon « qu'au cours des trois dernières années, son métier a plus changé qu'en quarante ans de carrière ». Les marchés de masse sont devenus des marchés de niche, et la *mass-customization* permet à chacun de se sentir unique. Place aux logiques communautaires. La viralité est devenue un enjeu clé, et donne l'avantage aux entreprises et aux marques sachant développer un lien personnalisé et affinitaire avec chaque consommateur. Nous étions des prospects ou des clients. Nous voilà invités à devenir des amis, des fans ou des ambassadeurs par des gens que nous prenons plaisir à suivre et à recommander, parce que leur histoire nous touche. Parce que nous nous sentons proches d'eux. Parce qu'ils nous ressemblent, et que nous pouvons désormais être en contact direct avec eux à tout moment. De transactionnelle, la relation client devient émotionnelle (on parle de *customer intimacy*) et change de nature.

Nous étions propriétaires et achetions des produits ou des services. Et voilà que notre appartement ou notre voiture nous sert de monnaie d'échange pour accéder à une multitude de biens que nous n'avons plus besoin de posséder pour en profiter à notre guise et augmenter nos revenus tirés de l'économie collaborative. Nous sommes tantôt client, tantôt fournisseur, souvent sans débourser ou encaisser un seul centime. Nous regardions des publicités à la télévision, et suivons désormais les conseils de blogueurs influenceurs devenus plus puissants que n'importe quel spot de trente secondes avant le JT de TF1 ou de France 2. Nous sommes tous reliés les uns aux autres dans une gigantesque toile d'araignée dont le fonctionnement et la logique échappent le plus souvent aux entreprises traditionnelles, et dont les dirigeants peinent à intégrer les codes.

Soit autant de raisons qui expliquent la montée en puissance de la co-création de produits et de services, initiée par les startups et maintenant copiée par les entreprises de l'ancien monde, à l'image de la plateforme communautaire d'EDF *Pulse & You*, du *Camifathon* de la Camif ou du *Digital Transformation Center* de Fujitsu. Vecteur clé de fidélité et d'attachement à une marque, la co-production modifie radicalement la logique des entreprises. Plus personne ne peut affirmer avoir le monopole des idées, ni les moyens de résoudre seul tous les problèmes. Les grands groupes n'ont plus d'autre choix que de pratiquer l'innovation ouverte (*open innovation*) en s'associant à des acteurs plus petits qu'eux et plus disruptifs. A mesure qu'il devient de plus en plus complexe et coûteux d'innover seul se multiplient ainsi les alliances, autrefois perçues contre-nature. Découvrant les limites de leurs laboratoires de R&D (royaume de l'innovation incrémentale) obsédés par le syndrome du NIH (*Not Invented Here*), gérés par des process d'un autre âge à un coût parfois astronomique et débouchant trop souvent sur des produits trop compliqués ou sans intérêt ne trouvant jamais leur public, un nombre croissant de dirigeants plébiscite le mode collaboratif. Soit la fin des « Nouches », cette génération d'ingénieurs en voie de disparition, surnommée ainsi parce qu'elle passait son temps à dire « Nous, chez Dassault Electronique... » !

La façon dont David Layani, fondateur de Onepoint, a fait évoluer son entreprise après une acquisition compliquée en 2015 illustre parfaitement les mutations en cours. Créée en 2002, le spécialiste du conseil en numérique à dû repenser profondément son organisation pour ne pas perdre son âme, donnant naissance à un modèle tribal basé sur le principe des communautés et passant de sept à trois niveaux hiérarchiques. Ne restent plus que des associés, des leaders et des *partners* (ou *associates*). Après avoir mené de nombreux entretiens avec ses collaborateurs, et pris conscience de leur envie d'un collectif choisi et non pas subi ou imposé, il a décidé de multiplier les tribus ouvertes et structurées autour d'une technologie, une région, un métier, un savoir-faire ou un projet. Certaines peuvent accueillir des clients, des partenaires ou des startups. Finis les statuts, les silos et les cases, dans lesquelles les gens se sentent enfermés ! Chaque salarié appartient à trois d'entre elles au moins, qui toutes ont leur propre gouvernance. Plus de chefs ou de directeurs, mais des leaders sans lien hiérarchique direct avec les membres de la communauté. Adieu aussi aux entretiens statutaires d'évaluation top-down, remplacés par des outils permettant un feedback permanent et favorisant des correctifs rapides. Des règles du jeu claires et des repères simples pour un triple objectif : renforcer l'autonomie des équipes et simplifier leur vie plutôt que celle des dirigeants, fluidifier l'information et maximiser les flux relationnels. Plus personne ne dépend de quelqu'un en particulier, mais chacun s'associe librement à un ou plusieurs projets le temps nécessaire, selon ses envies et son niveau d'expertise. D'où qu'ils viennent, les regards de spécialistes se croisent pour le bénéfice unique des clients.

A l'heure où les données deviennent une source de revenus parfois considérables, les écosystèmes s'ouvrent et se libèrent, allant jusqu'à donner libre accès aux codes sources qui les régissent. Si Los Angeles est un jour relié à San Francisco par un train propulsé à plus de mille kilomètres heure dans un étrange tunnel parcourant la Californie, ce sera sans doute dû à la décision d'Elon Musk de mettre son projet Hyperloop en *Open Source* et d'inviter les meilleurs talents du monde entier à le rejoindre. Tout prouve qu'il y a désormais plus d'intelligence à l'extérieur de nombreuses entreprises qu'à l'intérieur, et elles sont de plus en plus nombreuses à accepter de se faire challenger par des structures et des gens qui ne leur ressemblent pas. Un nombre croissant de dirigeants commence même à pratiquer (voire à imposer) à leurs équipes le partage de leurs données et de la valeur avec leurs clients ou partenaires, bravant parfois les oppositions de leurs directions juridique et commerciale ou des SI.

Une pratique qui les pousse désormais à sortir de leurs murs et à installer une partie de leurs équipes dans des espaces de coworking, dont le nombre et la surface explosent à travers le monde. Dans la foulée du leader mondial WeWork, d'innombrables acteurs offrent partout des lieux spectaculaires et conviviaux à des entrepreneurs et des salariés qui y trouvent bien plus qu'un espace de travail ou des salles de réunion : une plateforme communautaire d'échange et de partage.

Après les *slashers* (qui cumulent plusieurs activités et statuts en même temps), la glocalisation (néologisme anglais formé par les mots globalisation et localisation), le co-working, le co-design (inspiré du *design thinking*) ou la *fusion food* qui nous offre l'accès simultané aux saveurs du monde entier, c'est l'hybridation à tous les étages ! Coopération et compétition fusionnent pour donner naissance à la coopétition. Co-branding, co-investissement, co-construction, co-production, intelligence collective, économie collaborative, etc. Et bientôt sans doute, arrivée de *Chief Partnership Officers* dans les Comex des entreprises !

Les startups nous démontrent chaque jour que rien ne vaut l'intelligence collaborative pour réussir les paris les plus fous et créer de la valeur, par la magie de l'échange et des technologies de l'information qui en accélèrent la circulation. Même et surtout quand ce n'est pas dans sa nature ou celle de ses dirigeants, l'entreprise doit apprendre à travailler « avec », et non plus « contre ». Plus que jamais, l'union fait la force. Et le métissage, la différence !

9

L'humain n'a pas dit son dernier mot

9

« Si on néglige l'humain, on se prépare un avenir infernal. »
Jean-Dominique Senard

L'humain n'a pas dit son dernier mot

Si vous voulez faire comme tout le monde fin 2018, affichez partout votre ambition d'être à la fois « digital et humain ». Aucune convention d'entreprise ne se tient plus désormais sans que revienne en boucle cette nouvelle formule miracle. Nous avons suffisamment rappelé jusqu'ici à quel point le numérique n'est plus négociable pour quiconque veut rester dans la course. Mais il est temps de dire aussi combien il est insuffisant pour quiconque veut la gagner. Si vous voulez vraiment vous différencier de vos compétiteurs, privilégiez l'humain ! Et prouvez-le chaque jour à travers chacun de vos propos, de vos décisions et de vos actions.

Aussi surprenant que cela puisse paraître, la bataille du digital ne se gagne jamais sans, ou contre les hommes. Car si technologie et compétence technique sont à la portée de n'importe quel carnet de chèques (ou compte Paypal), l'humain reste assurément le plus complexe de tous les défis, même et surtout à l'heure du digital. Bien qu'ils soient rares et que tout le monde s'arrache les meilleurs, le plus compliqué n'est pas de repérer et de recruter les jeunes talents du numérique. D'autant qu'ils seront de plus en plus nombreux, compte tenu des perspectives d'emploi du secteur. Encore faut-il parvenir à les conserver dans des entreprises qui au départ ne leur ressemblent pas toujours, et faire en sorte que leur apport soit perçu par tous les collaborateurs comme une chance, et non une menace pour l'avenir de ces sociétés.

Parvenir à créer un état d'esprit partagé par tous les membres d'une équipe est (et sera toujours) la chose la plus difficile à réaliser. Mais c'est aussi la chose la plus difficile à copier par un concurrent une fois qu'il s'est durablement installé, ce qui en fait sa magie et la plus belle des aventures. Après «l'état d'esprit service» que je n'ai jamais cessé de promouvoir depuis la sortie de mon premier livre

Service compris[10] en 1986, voici donc venu le temps de « l'état d'esprit digital » ! Deux thèmes, une même difficulté. Comment créer le désir et susciter l'envie. Comment convaincre que ce qu'apporte le numérique est infiniment supérieur à ce qu'il pourrait nous faire perdre. L'enjeu est considérable et doit être pris au sérieux, tant peut être grande la capacité des hommes à s'opposer à tout ce qui leur fait peur et à le faire échouer avant même de lui donner sa chance.

« Ce sont les personnes qui doivent nous dire comment elles veulent parler aux machines, et non l'inverse. Nous devons prendre en compte leurs craintes de toute nature, si nous voulons réussir notre transformation. La digitalisation n'est pas une fin en soi. Nous devons la maîtriser, mais pas la subir. Elle doit se faire par et pour les Hommes avec un grand H », affirmait récemment Jean-Dominique Senard, président de Michelin, à l'occasion d'une conférence sur l'usine du futur. De la même façon que Jeff Bezos impose la présence d'un siège vide (le siège du client)

---

10. Editions Jean-Claude Lattès – L'Expansion – Hachette, 1986.

dans toutes ses réunions afin de ne jamais oublier celui pour le bonheur duquel on se lève tous chaque matin, la digitalisation de l'entreprise doit impérativement prendre en compte la façon dont elle inclut et impacte nos équipes.

People first. Les hommes d'abord. Une fois de plus, retour aux fondamentaux. Pour un grand groupe comme pour une jeune pousse. « Notre premier critère de choix ? L'équipe ! » Combien de fois ai-je obtenu cette réponse à l'antenne de *BFM Business*, dans le cadre de mon émission *L'Entreprise BFM*, en recevant les dirigeants des plus grands fonds de *Private Equity* que j'interrogeais sur ce qui les influençait le plus dans leur décision d'investissement ? Les hommes avant les idées ou le projet. Vraiment ? Bien que ressemblant furieusement à un cliché, j'ai tendance à croire en cette réponse, tant d'innombrables *success stories* récentes démontrent la puissance de frappe d'équipes réduites mais talentueuses, diverses et investies des pleins pouvoirs pour faire de leur rêve une réalité. En la matière, la révolution apportée par les entrepreneurs du numérique est d'avoir su comprendre l'importance des *soft skills* pour penser et agir autrement, si longtemps négligés par les entreprises traditionnelles ou anciennes. Pour un grand nombre d'entre eux, curiosité, passion, empathie, vision, aptitude au risque, sens du collectif, etc. priment sur la technique, la discipline, le respect des règles, de l'autorité et de la hiérarchie. Autant de qualités qui ont besoin de liberté pour s'épanouir et se développer.

L'une des croyances les plus répandues de la planète startup est que les idées les plus innovantes peuvent surgir de n'importe où, d'où l'intérêt de donner à tous les moyens de les exprimer et de les mettre en œuvre sur la base de leur mérite et non de leur seule formation, leur expérience ou leur curriculum vitae. Xavier Niel aime rappeler l'importance qu'il y a à s'entourer de gens exceptionnels et loyaux, mais aussi de gens différents. Interrogé un jour sur la façon dont il tentait d'éviter à Free de tomber dans le piège de la routine, compte tenu de la croissance exceptionnelle de son entreprise, il reconnaissait volontiers que le risque existe. Et recommandait, pour favoriser l'émergence de nouveaux projets, de constituer des équipes réduites de personnalités différentes les unes des autres, dotées des moyens appropriés et surtout éloignées le plus possible du siège de l'entreprise, afin qu'aucune mauvaise habitude ou aucun tabou ne vienne faire obstacle à leur créativité. Une technique déjà utilisée à la SNCF par Guillaume Pépy, quand il avait confié la création d'iDTGV à une équipe réduite de collaborateurs exilés à Levallois, loin du siège de Montparnasse à l'époque, seul moyen à ses yeux de contourner les « ça ne marchera jamais » d'une entreprise habituée aux rejets violents de greffes d'innovation.

Parce qu'il a fait de la transformation digitale de son groupe sa priorité numéro un depuis son accession à la présidence de Thales, Patrice Caine suit le même chemin avec sa Digital Factory. Regroupés dans un espace de coworking au cœur de Paris, des *squads* de six à dix jeunes professionnels du Big Data, de l'IA et de la cybersécurité inventent en toute indépendance le nouveau Thales, loin du siège et de toute contrainte. Aucune hiérarchie, pas de chef, mais un coach dont la mission est de favoriser le travail en équipe pour accélérer la transformation numérique du groupe et de ses clients en les embarquant tous dans son sillage. Procédures réduites au strict minimum, chacun prend seul ses décisions sous la responsabilité d'un manager responsable de l'ingénierie, développeur de ressources humaines, facilitateur de problèmes et apporteur de solutions. Même philosophie chez Casino quand le groupe stéphanois co-crée RelevanC avec la startup Redpill installée au cœur de Paris, loin de la moquette et des habitudes du siège de Saint-Etienne. Maîtriser les données rime plus que jamais avec autonomie, liberté et responsabilisation des équipes.

A les observer de près, l'une des caractéristiques des startups à succès semble être de savoir regrouper au sein d'une petite équipe des compétences variées qu'aucune entreprise du même secteur n'avait su réunir auparavant. Et pour attirer et rassembler ces divers talents, rien de tel qu'un rêve fédérateur. Sans doute certains d'entre vous vont-ils me faire le reproche d'avoir trop souvent cité Amazon dans ce livre. Qu'ils se rassurent, je sais combien son management est réputé dur et exigeant, et je ne partage en aucun cas sa propension à l'optimisation fiscale à l'échelle planétaire. Mais on ne peut nier le fait que l'homme assume ses convictions. A l'époque où son futur empire n'employait que six cent quatorze salariés (contre près de six cent mille aujourd'hui) Jeff Bezos écrivait déjà qu'il n'était pas facile d'y travailler. « Quand j'interviewe des candidats, je leur dis qu'il est possible de travailler longtemps, beaucoup ou habilement, mais que chez Amazon ils n'auront pas la possibilité de choisir deux options seulement parmi les trois. Mais nous travaillons pour construire quelque chose d'important, qui a de l'importance aux yeux de nos clients, quelque chose que nous raconterons à nos petits-enfants. De telles choses ne sont pas censées être faciles. »

Une autre préoccupation des startups est le souci affiché du bien-être de leurs équipes, à l'image de la fonction de *Chief Happiness Officer* qu'elles ont inventée pour le garantir. Au risque parfois de mélanger bonheur et plaisir. Sois heureux et amuse-toi, ou quitte nous ! Une innovation qui commence d'ailleurs à faire grincer les dents en France, le *startup bashing* commençant à s'y installer à la une des magazines et des listes de best-sellers. Censée favoriser le bonheur des collaborateurs, ce nouveau job bisounours de *jolly good fellow* (bon camarade) incarne à la perfection le stéréotype de la Silicon Valley et agace dans notre pays qui déteste les modes ou les gadgets en matière de management.

Chef du Bonheur. Patron du bien-être. J'avoue n'être pas moi-même un grand fan du concept, et ce d'autant plus que la fonction est plus souvent opérationnelle que stratégique, et rarement rattachée aux comités de direction. De la même façon que j'ai toujours douté de l'intérêt du poste de Responsable de la Qualité de Service au sein d'une entreprise, qui envoie à tous le message qu'ils peuvent se dispenser d'y contribuer, nommer un CHO est une arme à double tranchant. Pourquoi me soucier de mes collaborateurs, puisque l'entreprise paye quelqu'un pour organiser des cours de cuisine ou un massage relaxant, planifier une pause Nutella ou un *Friday Drink* avec la *Team*, décorer l'open space, acheter une table de ping-pong ou organiser des apéros anniversaires *detox* sur le *rooftop* après un « cinq à sept » méditation ? De la même façon qu'il est inutile de demander aux gens comment ils vont le matin (la plupart d'entre nous écoute leur réponse d'une oreille si distraite qu'ils pourraient nous annoncer leur intention de se suicider que nous leur souhaiterions « bon courage » en guise de soutien), mieux vaut repérer et se préoccuper sincèrement de ceux qui ont besoin de notre aide.

Je suis de ceux qui pensent que faire le bonheur des autres et créer du lien ne se délèguent pas. Quels que soient notre pouvoir, notre fonction, notre place dans la hiérarchie, notre ancienneté ou la pression que l'environnement nous fait subir, nous sommes tous des *Chief Happiness Officers* en puissance. Loin de moi l'idée de condamner l'objectif qui sous-tend ce genre d'initiatives, mais je vous invite à préférer le plaisir d'un projet partagé à l'injonction au bonheur obligatoire ou à la seule multiplication des smileys au bas de chaque email ou SMS. Que cela ne vous empêche pas de copier certaines idées qui ont fait leurs preuves (comme offrir une panoplie de services facilitateurs de vie à vos collaborateurs) et d'en inventer de nouvelles qui vous ressemblent, car la calinothérapie n'a jamais fait de mal à personne ! Et parce que les hommes sont, et doivent, rester votre priorité.

« J'optimisme » et j'incarne

> « Le travail fatigue et avilit, tandis que l'œuvre exalte,
> génère de l'énergie et rend optimiste. »
> Michel Serres

« J'optimisme » et j'incarne

Cinq ans après la parution de mon livre *Ne me dites plus jamais bon courage !*[11] (sous-titré « lexique anti-déprime à usage immédiat des Français »), je m'en veux encore de ne pas avoir inventé la formule « j'optimisme » imaginée par Carrefour, tant elle aurait naturellement dû me venir à l'esprit. Car l'acte même d'entreprendre est synonyme d'optimisme, cet état d'esprit qui vous donne des ailes et vous fait croire que rien ne peut vous atteindre. Au point parfois de vous rendre sourd et aveugle à tout ce qui dans votre environnement pourrait vous ralentir, mais qui dans bien des cas se révèle être un atout considérable par le miracle de votre volonté. Ténacité, obstination,

---

11. Ventana Editions, 2013

courage : parce qu'il est optimiste et croit à son rêve, le startupper n'abandonne jamais là où tant d'autres baissent les bras. Quelles que soient les difficultés qu'il rencontre, il impulse, puise au fond de lui l'énergie nécessaire et se bat.

Vous me direz que cela n'a rien d'exceptionnel quand on s'intéresse à la création d'entreprise, et vous aurez raison. J'ai beau chercher, je crois n'avoir jamais rencontré aucun véritable entrepreneur de nature pessimiste, car tous ont toujours le sentiment de maîtriser leur destin. Endurants, ils tombent et se relèvent à chaque fois. C'est à eux, et à eux seuls, qu'ils attribuent leurs succès autant que leurs échecs. Mais cela est encore plus vrai dans les startups, dont les fondateurs cumulent généralement de nombreux handicaps, qu'il leur faut compenser par la seule chose qui ne leur coûte rien : un mental de champion. Solitude, manque d'expérience, de réflexes, de moyens humains et financiers, de relations, de temps, de recul, etc. Face à ces lacunes, ils possèdent heureusement d'innombrables atouts. La plupart n'ont rien à perdre. Ils fourmillent d'idées et ont toutes les audaces. Passionnés, ils bossent comme des fous mais ne sont jamais épuisés, car seuls l'ennui et la routine fatiguent. Croyant en leur vision autant qu'en leur bonne étoile, ils ressentent bizarrement un puissant sentiment de liberté, alors même qu'ils croulent chaque jour sous les problèmes et que se multiplient les contraintes. Obligés de devoir toujours faire bonne figure, ils développent rapidement une étonnante capacité à importer des emmerdes et à exporter de l'énergie. Spécialiste du recyclage de problèmes en solutions, ils ont le sentiment d'être faits de béton et recouverts de téflon. Rien ne semble vraiment les atteindre, tant brille toujours dans leurs yeux la lumière au bout du tunnel, même dans les pires circonstances. « On ne peut pas diriger une entreprise de nouvelles technologies sans être optimiste », affirmait récemment dans *Challenges* le CEO de Microsoft Satya Nadella.

Une particularité qui impressionne toujours les professionnels du *Private Equity* lorsqu'ils étudient les dossiers de candidats à la levée de fonds. De la même façon que beaucoup d'investisseurs affirment investir davantage sur une équipe que sur une idée, tous semblent aimer les belles histoires, si possible incarnées et donnant ses lettres de noblesse au *storytelling*, cet art consistant à traduire un projet parfois banal en récit homérique. Une discipline que maîtrisent parfaitement les meilleurs startuppers, et qui les oblige parfois à changer de discours selon la cible à laquelle ils s'adressent, comme le relève habilement Stéphane Degonde dans *Les Echos*. « Etre entrepreneur oblige à alterner en permanence entre deux visions différentes, voire opposées dans certains cas. La première que l'on vend à l'extérieur, forcément positive, qui adapte ou transforme la réalité pour la présenter sous son meilleur jour ; une histoire qui laisse entrevoir le succès tout proche, rassure les tiers et l'entourage, emporte l'adhésion des clients, valide le courage de s'être lancé, montre que l'entrepreneur a réussi son pari, justifie les sacrifices consentis, force l'admiration aussi. Et une seconde histoire, conservée dans le secret du bureau du dirigeant : celle de la vérité des chiffres et des décisions qui en découlent, parfois difficiles à prendre. L'histoire d'une entreprise est donc celle d'une cohabitation entre un PowerPoint qui vend du rêve en couleurs et une feuille Excel qui renvoie au noir et blanc de la réalité. »

Michel de Rovira et Augustin Paluel-Marmont en sont la parfaite illustration. Qui connaît en effet les difficultés qu'ils ont dû surmonter depuis la création de Michel & Augustin ? A part leurs proches, qui a pris la mesure des états d'âme qui ont forcément traversé leur esprit à plusieurs reprises ? Peu de monde, en vérité. Mais tout le monde aime leur aventure née en 2004 dans la cuisine de l'appartement d'Augustin, leur première Kangoo, la première épicerie du coin de la rue qui a bien voulu acheter leurs biscuits. La belle histoire est contagieuse. Elle fait rêver et elle fait vendre, surtout quand elle est vraie. Elle donne confiance et suscite l'admiration. Elle aide à lever des fonds, à emprunter, à embaucher, à grandir.

On peut donc légitimement se demander pourquoi il faudrait être jeune et startupper pour maîtriser l'art du *storytelling* et incarner sa société. Pourquoi sommes-nous généralement incapables de citer une seule anecdote sympa ou touchante concernant une grande entreprise, même parmi celles que nous aimons le mieux ? Pourquoi semble-t-il impossible à ces mêmes dirigeants d'incarner leurs marques ou leurs produits autrement qu'au travers de mannequins ou de comédiens rémunérés pour un spot de pub TV ou une page quadri sur papier glacé ? Pourquoi est-il si rare d'associer naturellement une personnalité attachante à une grande entreprise, au-delà de quelques noms comme Michel-Edouard Leclerc, Gilbert Trigano ou Xavier Niel ? Pourquoi les vrais hommes et les vraies femmes qui font l'entreprise ne sont-ils jamais les héros d'une belle saga ? Pourquoi enfin, l'émotion est-elle si peu présente dans le monde *corporate* ?

Afficher son optimisme en toutes circonstances et incarner fièrement sa marque sont deux armes redoutables qu'utilisent habilement les startuppers pour séduire financiers, collaborateurs et clients. A l'inverse, l'émotion, le sourire et l'humour sont le plus souvent absents de la stratégie et de l'image que projettent les grands groupes déshumanisés. Y lancer un tel chantier titanesque relève probablement de l'utopie. Mais ce n'est ni une malédiction, ni une raison suffisante, pour refuser d'y réfléchir. Toute histoire est belle. Encore faut-il savoir la conter. Et surtout en avoir envie.

Tout n'est pas bon dans la startup

« On peut connaître la vertu d'un homme en observant ses défauts. »
Confucius

Tout n'est pas bon dans la startup

Si tout est bon dans le jambon, tout n'est pas bon dans la startup ! Et mieux vaut le rappeler ici, pour vous éviter de rejoindre le cimetière des innombrables projets qui devaient changer le monde, mais ont disparu pour avoir omis quelques évidences.

Meilleur défricheur que gestionnaire

La rentabilité, en premier lieu. Oublier que tout métier, quel qu'il soit, est un métier de « centimier » est une erreur tragique. Tout comme dépenser l'argent que l'on n'a pas, vouloir grandir trop vite, ou avec le seul argent de ses actionnaires, ou bien encore oublier que la croissance fait toujours exploser son fonds de roulement. A la question « Qu'est-ce qu'une startup ? », certains esprits chagrins aiment répondre que sa caractéristique principale est d'être financée par des investisseurs… et qu'elle devient une entreprise quand elle commence à l'être par ses clients. Une façon comme une autre de rappeler qu'aucune société ne peut prospérer sans être rentable et bien gérée. Et qu'aucun entrepreneur ne peut durablement conserver le pouvoir dans sa société, si ses résultats l'obligent à dépendre de ses financiers davantage que de ses clients. Mais le startupper est plus souvent meilleur défricheur que gestionnaire, et nombreux sont ceux qui oublient combien parvenir à l'autofinancement est une bénédiction pour quiconque veut travailler sereinement.

L'exemple de Nestor

L'histoire de la FoodTech Nestor est exemplaire à cet égard, et démontre l'importance des fondamentaux pour quiconque veut maîtriser sa croissance. Dans un *post* largement diffusé sur le site *medium.com*, son CEO co-fondateur Sixte de Vauplane partageait en ces termes les enseignements tirés de sa croissance trop rapide. «On nous a dit que le marché de la *Food Delivery* était bouché, trop concurrentiel. On nous a dit qu'il n'y aurait de la place que pour un seul, que notre modèle était trop restreint. On nous a dit surtout que ce n'était qu'une histoire d'argent, que ce serait celui qui lèverait le plus qui survivrait. On y est allés, sans réfléchir. Jusqu'à l'asphyxie. » Une sorte de jeu bizarre et idiot dans lequel celui qui perd de l'argent le plus longtemps finit par emporter la mise. L'histoire est si classique qu'elle mérite d'être détaillée.

En 2015, la FoodTech explose en France. L'enjeu pour tout le monde est simple : grossir vite, très vite, pour ne pas louper le train, sans se soucier de rentabilité. « En effet, à quoi sert d'être rentable dans un secteur où l'argent coule à flots ? », interroge Sixte de Vauplane. Mais très vite, la disparition de TakeEatEasy, qui assurait la distribution des repas, menace l'équilibre économique de tout le secteur. Etonnamment, les investisseurs de Nestor ignorent l'alerte et affirment qu'il faut rester dans la course aux levées de fonds, que « c'est le seul moyen de rester dans le jeu. Investir toujours plus pour combler des pertes toujours plus grandes. Une logique qui finance un acteur en espérant secrètement financer la tombe du voisin. » Mais c'est oublier que Nestor est un restaurant qui doit impérativement dégager de la rentabilité, et non pas une plateforme de livraison.

Comment y parvenir, quand on continue à brûler du cash à vitesse accélérée et que la pression s'intensifie ? « Pour essayer de comprendre ce qui coince, on se lance dans une vérification quotidienne des coûts, facture après facture, à tous les niveaux de Nestor. On découvre que notre croissance exponentielle repose en fait sur des bases en carton, et que si on ne change rien, on va droit dans le mur. C'est là où l'on voit qu'on est dans un business de centimes. Chaque opération doit être prévue, checkée et disséquée. A tous les niveaux. » Négociations « viriles » avec les fournisseurs (*Supply is everything*), création d'un algorithme pour réduire les pertes alimentaires (*Trust your data*), optimisation de la logistique. Neuf mois plus tard, Nestor est rentable, et la leçon durablement retenue : « Etre en croissance et rentable, c'est possible. C'est même vital pour réaliser notre ambition de devenir le prochain géant de la restauration. »

L'ambition de toute startup doit être de ne pas le rester trop longtemps, tout en conservant ce qui fait sa force et son originalité. Mais elle doit également apprendre à dire non et renoncer à certains projets, notamment à ceux qui lui sont imposés et pour lesquels elle n'est pas encore prête. En d'autres termes, construire les bases solides d'une entreprise rentable et durablement capable d'innovation permanente, d'agilité et de remise en cause.

Quand un succès trop rapide mène au désastre

L'aventure de la startup Save, spécialiste de la réparation de smartphones, d'ordinateurs et de tablettes illustre parfaitement, elle aussi, le risque qu'il y a à ne pas maîtriser sa croissance. Parti sur les chapeaux de roue, son fondateur Damien Morin reconnaît volontiers s'être laissé griser par le succès. Interrogé par le magazine *Management*, il parle même d'amateurisme. « On est passés de quinze à quatre cent cinquante salariés en un an. Imaginez le quotidien d'une équipe qui vit cela, l'euphorie, les fonds d'investissement qui se bousculent. On vivait au-dessus de nos moyens. On brûlait un million d'euros par mois ! » Il l'avoue, « le succès rend aveugle. On mettait tous les problèmes sur le compte de l'hyper-croissance. Bref, on se voilait la face. Nous ne savions pas ce qui se passait sur le terrain. Dès le départ, la gestion de l'entreprise n'a pas été correctement menée. Les chiffres étaient faux, on ne connaissait pas nos stocks, on ne faisait aucun contrôle en interne… J'ai négligé les chiffres et n'ai pas pris le temps de recruter les bons dirigeants. » L'entreprise n'a pas échappé au redressement judiciaire… avant de se séparer de son top management et de redevenir une startup. La leçon qu'il en tire est on ne peut plus claire : « Une entreprise, c'est d'abord des hommes… et il ne faut pas être fâché avec les chiffres ! ». Comme quoi hyper-croissance peut aussi rimer avec hyper-fragilité…

Une bonne idée trop tôt n'est pas une bonne idée

Parce que leur nature même est d'avoir toujours un coup d'avance, les startups découvrent parfois à leurs dépens l'une des clés du succès (ou plutôt de l'échec) en matière d'innovation : une bonne idée trop tôt n'est pas une bonne idée. Trop tôt, c'est trop tôt. Trop tard, c'est trop tard. Porté par son rêve, le plus difficile est de savoir s'arrêter et de prendre des décisions douloureuses avant qu'il ne soit trop tard. Pionnier de la caméra 360°, le français Giroptic n'a pas réussi à éviter la liquidation. Son petit boîtier à fixer sur un smartphone permettait pourtant de faire des photos ou des films d'une qualité extraordinaire, et avait été repéré par Mark Zuckerberg, qui en avait commandé quatre mille cinq cents pour les collaborateurs de Facebook à l'occasion de sa convention d'entreprise en 2017. Seulement voilà, « vingt mille ventes en 2017 n'ont pas suffi pour rester autonome. Ce n'est pas encore un produit grand public, les gens ne sont pas prêts à filmer à 360° » analyse Richard Ollier, qui n'a pas réussi à finaliser un deal avec un fabricant de smartphone. Nul doute que sa technologie fera tôt ou tard partie intégrante de nos téléphones mobiles, mais Giroptic aura ouvert une autoroute sans jamais pouvoir s'asseoir au péage. L'importance d'un bon timing pour un lancement est primordiale pour toutes les entreprises, mais seules celles qui ont les moyens de perdre durablement de l'argent avant d'imposer leur vision ont des chances de réussir quand elles sont trop en avance sur leur temps. Un luxe que la plupart des startups sous-staffées et sous-capitalisées ne peut pas se permettre. Et probablement l'un des atouts des grands groupes, ETI et PME qui auront su prendre le virage numérique avant qu'il ne soit trop tard.

Priorité à l'exécution

Contrairement à une idée reçue, le succès de la plupart des startups est donc moins lié à l'idée de départ, souvent simple voire banale, qu'à l'excellence de son exécution millimétrée. Entre une bonne idée et son succès, il y a toujours sa mise en œuvre. Or, la jeunesse et le manque d'expérience de la plupart des créateurs les privent souvent des réflexes nécessaires. Une lacune qui explique en partie l'augmentation récente des redressements et liquidations judiciaires. Startup ou pas, il n'est jamais mauvais d'être besogneux pour réussir durablement. Il convient aussi de ne pas se montrer trop impatient, car le temps de réflexion et de préparation d'un projet joue un rôle considérable dans sa pérennité. Il faut également savoir arbitrer ses priorités, et ne jamais négliger celles qui prévalent dans le vieux monde : gestion de la trésorerie (priorité des priorités), relance des impayés, attention aux détails, tableaux de bord, etc. Beaucoup moins *fun* que les plateaux radio et télé, mais ô combien plus efficace pour s'installer solidement dans la vie de ses clients.

Distribution vs innovation

Si les startups ont généralement l'avantage en matière d'innovation, leurs moyens humains ou financiers limités handicapent souvent l'accès au marché dont bénéficient historiquement les grands groupes. A mesure que les anciens courent après l'innovation, les startups courent toujours après la distribution. Nul doute que la victoire finale ira au plus rapide, et que la bataille de la distribution va s'avérer de plus en plus difficile et coûteuse pour les plus jeunes entreprises. Ce phénomène va s'accélérer, en même temps que vont se multiplier rapidement alliances, partenariats et rachats en tous genres.

Dans son livre passionnant *The Third Wave*[12], Steve Case y voit d'ailleurs le début d'un retournement de situation qui ne devrait pas tarder à produire ses effets. Après la première vague (celles des Cisco et IBM qui ont construit les bases technologiques complexes d'internet avec des moyens financiers considérables), puis la seconde (celle des startups qui ont tout misé à des coûts peu élevés sur les applications,

---

12. Editions Simon & Schuster, 2017

les plateformes et le mobile), voici que démarre la troisième vague. Celle de l'intégration d'internet dans tout ce que nous faisons et tous les produits que nous utilisons. Une connectivité omniprésente qui impacte désormais tous les secteurs d'activité sans exception. Cette troisième vague présente selon lui de nombreuses similitudes avec la première, la création de produits et leur distribution nécessitant des investissements de plus en plus importants, la multiplication des partenariats et une forte capacité d'influence. Dans ce contexte, une entreprise que l'on croyait dépassée mais ayant des moyens financiers puissants, un accès ancien à la distribution et adoptant les codes de l'expérimentation propre aux startups pourrait bien prendre sa revanche et tirer son épingle du jeu, au détriment de celles-ci.

La « belle histoire » a ses limites

Si la méthode Coué prend le plus souvent l'avantage sur le pessimisme et a sauvé des milliers d'entreprises, force est de reconnaître que la culture de la belle histoire et le *personal branding* des fondateurs qu'affectionnent tous les startuppers ont leurs limites. A force de vendre une vision de son entreprise trop éloignée de la réalité, l'entrepreneur court en effet le risque de nier l'importance des difficultés qu'il rencontre et de ne pas s'y attaquer avant qu'elles ne le submergent. A force de se vendre lui-même plutôt que le caractère véritablement utile, sociétal ou disruptif de son aventure, il oublie qu'il n'est pas le projet, mais juste celui ou celle qui va l'incarner, le porter et le faire grandir. De promesses non tenues en engagements non respectés, sa réputation et sa crédibilité peuvent s'effondrer aussi rapidement qu'elles avaient grandi, ne lui laissant guère de chances de rebond. La clé consiste donc à trouver dans son discours le juste équilibre entre ce qui fait rêver et ce qui permet de garder les pieds sur terre pour être toujours dans l'action.

Un principe visiblement oublié par Elizabeth Holmes, fondatrice de Theranos et ex-star de la Silicon Valley, dont la startup qui avait levé sept cents millions de dollars a valu jusqu'à neuf milliards avant de s'effondrer et de l'entraîner dans sa chute. Accusée de fraude massive par la SEC (le gendarme financier américain), la biotech de celle en qui le magazine *Time* voyait en 2015 l'une des cent personnalités les plus influentes au monde avait manifestement trompé les marchés sur le potentiel prétendument fabuleux de sa technologie. Censée pouvoir réaliser 370 analyses différentes à partir d'une seule goutte de sang de façon rapide et peu coûteuse, elle sous-traitait en réalité une grande partie des analyses pour cacher ses maigres performances à ses investisseurs. Qui plus est, elle affirmait réaliser cent millions de dollars de chiffre d'affaires, alors qu'elle n'en réalisait que cent mille. Au-delà de l'intégrité de son dirigeant, cette histoire révèle l'écart qui peut exister entre le discours d'une startup et sa réalité, ce qui mène le plus souvent tout droit au désastre.

De vrais clients plutôt que des *Likes*!

Pas un *Deck* (la fameuse présentation PowerPoint résumant en quelques *slides* les caractéristiques d'un concept ou d'une idée à financer) qui ne mette systématiquement en avant le nombre de *Likes, fans* ou autres *followers* augurant forcément du succès rapide, massif et garanti du projet concerné. Si la capacité d'un entrepreneur à utiliser les réseaux sociaux pour créer et fidéliser une communauté est primordiale, elle ne doit jamais servir de validation virtuelle. Aimer une idée ou un concept ne signifie en rien qu'on en deviendra client, et moins encore un utilisateur régulier. Combien d'applications se vantent ainsi d'avoir été téléchargées des dizaines de milliers de fois, sans avoir jamais été réouvertes par la suite ? N'oublions jamais que seul le comportement réel de vrais clients utilisateurs réguliers d'un service ou d'un produit peut et doit servir de bon pour accord au développement. Pour être *scalable*, et donc susceptible de croître de façon exponentielle avec des moyens limités, une idée doit d'abord rencontrer un marché solvable, puis seulement lever une armée d'ambassadeurs. Même géniale, une intuition n'est que le début d'un long processus de validation qui réserve d'innombrables surprises, et parfois autant de déconvenues.

Le projet n'est pas la levée de fonds, elle n'en est qu'une étape

S'il fallait établir un hit-parade du vocabulaire des startups, les termes de *pitch* (ou sa version *elevator* en mode ascenseur) et de levée de fonds feraient indiscutablement partie du duo gagnant. Au point souvent de devancer les mots client, rentabilité ou rigueur. La plupart des startuppers démarrant avec leurs maigres économies ou l'aide de leurs proches se posent très rapidement la question du financement de leur aventure. La France étant devenue contre toute attente l'un des pays offrant le plus de possibilités en la matière, tous foncent généralement tête baissée dans un marathon aussi long et chronophage que dangereux. Car passer des mois à remplir des dossiers et à refaire vingt fois son business plan pour l'adapter aux remarques ou critiques d'éventuels futurs financeurs ne mène souvent à rien d'autre qu'à perdre de vue l'essence même de son projet. De *term sheets* en *due diligence*, et de rendez-vous avec des avocats en *closings* dix fois reportés, le risque est grand de confondre le métier d'entrepreneur et celui de leveur de fonds.

Passer plus de temps à chasser les aides de toutes sortes qu'à chasser les vrais clients est également un sport dangereux, et le plus souvent mortel. Pour les candidats autant que pour leurs investisseurs. On peut en effet s'interroger pour savoir si le temps passé par les financiers à analyser l'immense flux de dossiers qui leur parviennent ne se fait pas au détriment de l'accompagnement des sociétés dans lesquelles ils sont déjà présents. Encouragés par un système qui s'est emballé depuis quelques années et pourrait bientôt comprendre et corriger ses erreurs, les jeunes entrepreneurs tendent à oublier l'essentiel et à penser que lever des fonds en permanence est plus important que de mettre leur projet à exécution de façon rigoureuse. Obsédés par leur levée, certains en oublient parfois de réfléchir à ce qu'ils pourraient déjà réaliser avec leurs ressources existantes. N'oublions jamais que *pitcher* n'est pas un métier, et que le faire correctement est un atout certes utile, mais non suffisant.

Les promesses n'engagent que ceux qui les écoutent

Comment embaucher les meilleurs codeurs, *BizDev* ou *data scientists* quand on n'a pas le premier sou ? En leur promettant la fortune, bien sûr, par la magie des stock-options et autres BSPCE ! Les premiers salariés d'Apple et de Google ne sont-ils pas tous devenus millionnaires ? Si, bien sûr, mais pour quelques Facebook et Amazon, combien d'applis, de sites ou de plateformes qui n'ont jamais rencontré leur marché ? Et combien de salariés qui ont fini par devenir les victimes consentantes d'un système qui n'était souvent qu'un mirage ?

Traduire son site en plusieurs langues ne veut pas dire être international

Grisées par leur succès national et désireuses de s'internationaliser, de nombreuses startups se contentent trop souvent de traduire leur site en plusieurs langues pour s'en donner l'illusion. C'est oublier que chaque pays, chaque culture, chaque langue a ses spécificités, et qu'un simple copié-collé est le plus souvent synonyme d'échec coûteux. Et mieux vaut bien vérifier la rentabilité de son modèle avant de se lancer. L'échec en Angleterre du bijoutier Gemmyo, parti trop vite, est un cas d'école en la matière. Ne devient pas qui veut L'Oréal ou Danone. Cela prend du temps… et de la présence sur place. L'auto-proclamé trublion Augustin Paluel-Marmont l'a bien compris, quand il s'est agi de faire décoller la filiale américaine de Michel et Augustin. Deux années de présence à New York avec sa famille lui auront été nécessaires pour commencer à comprendre les clés d'accès à ce marché gigantesque.

Le management reprend très vite ses droits, startup ou pas

S'il est une expertise indispensable au succès durable d'une entreprise, et que seule l'expérience permet d'acquérir, c'est bien le management. Et l'être humain reste un être humain, qu'il travaille dans une startup ou une entreprise centenaire. Impossible de manager tout le monde en direct au-delà de quelques dizaines de salariés. Dès qu'une jeune pousse se met à grandir et à embaucher, apparaissent inévitablement des enjeux complexes qui nécessitent un savoir-faire que le tutoiement, la méditation, la présence d'une table de ping-pong ou d'un babyfoot ne suffisent plus à solutionner. Seules celles qui évoluent et comprennent que l'on peut manager sans se compromettre réussissent durablement, le plus difficile étant de combiner rigueur du management et nature itérative des startups.

Dès qu'il réalise qu'il ne peut plus tout faire lui-même et que « sa bande passante sature » (l'une de ses expressions favorites pour évoquer le manque de ressources ou de temps disponible), le startupper doit revêtir les habits de manager, puis de leader. Apprendre à écouter, déléguer et faire confiance, embaucher des gens plus expérimentés que lui et les fidéliser, penser « expérience collaborateur », répartir les responsabilités, coacher plutôt que contrôler, passer d'une culture orale à une culture écrite, trouver des symboles et des codes pour pérenniser la culture de l'entreprise, faire régulièrement évoluer sa gouvernance etc., sont autant d'étapes qu'il doit franchir. Souvent en même temps, ou dans un temps très court, s'il veut concilier croissance et rentabilité.

Une obligation parfaitement résumée par Guillaume Richard, dont la startup O2 créée en 1999 emploie aujourd'hui près de dix-huit mille personnes et dont le groupe Oui Care envisage de devenir le leader mondial des services à la personne. Interviewé par Patricia Salentey pour son livre *Ces entrepreneurs made in France*[13], il dresse un constat d'une grande utilité pour tous ceux qui rêvent de croissance. « J'ai toujours constaté que le chef d'entreprise était le premier frein à la croissance de l'entreprise. Il faut comprendre qu'au début vous êtes seul et vous faites tout. Ensuite à deux, vous apprenez à partager. A dix, vous devez déléguer. A cent, vous organisez.

---

13. Editions Alisio, 2018

A mille, vous structurez. A dix mille, votre métier de chef d'entreprise a changé : vous êtes passé du rôle d'homme-orchestre à celui de chef d'orchestre. Cela ne demande pas les mêmes compétences et ne procure pas le même plaisir. Mon objectif est que mon entreprise devienne numéro un mondial. C'est le projet que je porte pour elle, mais je ne crois pas que j'aurai l'appétence ni les compétences pour diriger encore Oui Care quand il sera numéro un mondial. » Si viser la lune ne lui fait pas peur, il admet volontiers que « cela implique d'accepter toutes les conséquences de la croissance : à un moment, vous n'êtes plus forcément la bonne personne pour la phase de développement de l'entreprise. Soit parce que vous n'avez plus le goût pour les nouvelles caractéristiques de votre poste qui implique plus de management, moins d'opérationnel, beaucoup de déplacements, soit parce que vos compétences ne sont plus adaptées à cette phase : par exemple, l'esprit pionnier et débrouillard des débuts n'est plus adapté quand le besoin est de structurer. »

L'argent pour unique moteur

S'il est un mythe qu'il faut absolument combattre, c'est bien celui de l'argent pour unique moteur. J'ai beau chercher, je ne connais pas un seul entrepreneur à succès parmi tous ceux que j'ai rencontrés dans ma vie ou interviewés sur *BFM Business* dont la réussite s'explique par sa seule volonté de devenir riche. Non qu'ils n'en aient pas rêvé (je ne suis pas naïf) ou pris certaines décisions afin d'atteindre cet objectif, mais jamais ce but ne l'a emporté sur le plaisir de l'aventure, le besoin d'indépendance ou le goût du risque. Or, la perspective d'exits faramineux inspirée par une minorité d'entrepreneurs dont le talent a été récompensé de façon parfois exagérée au regard de leurs performances réelles aboutit à un résultat strictement opposé. Mieux vaut donc tout faire pour ne pas succomber à ce mirage ! La rapidité des mutations en cours et des révolutions technologiques conduit bien sûr à s'interroger sur la durée de vie réaliste de toute entreprise, et notamment des plus récentes. Mais se résigner à ce que toute aventure réussie doive se conclure par une revente rapide à un grand groupe et ne s'inscrive plus jamais dans la durée ou ne fasse plus l'objet d'aucune transmission patrimoniale est un danger dont la France pourrait un jour payer le prix fort.

Pas toujours *so cool*

Dans son livre *Bienvenue dans le nouveau monde*[14], Mathilde Ramadier dresse un bilan au vitriol de ses années passées de startup en startup à subir leur supposée « coolitude ». Devoir apporter son propre ordinateur portable au bureau pour pouvoir travailler, passer de stages successifs en CDD avant de pouvoir mener des projets durables, accepter des rémunérations parfois indignes en échange de la promesse de parts dans la société, se voir imposer des horaires « flexibles » et ne pas rechigner sur les « heures sup' » pour compenser le manque de moyens, supporter la pression des OKR (*Objectives and Key Results*) et des process en tous genres, devoir régulièrement évaluer ses collègues et se comporter en « héros » (*From zero to hero*) ou en *winner* en toutes circonstances, ne pas s'offusquer que son boss ne connaisse pas votre prénom tant

---

14. Editions Premier Parallèle, 2017

le turnover des équipes est important, pratiquer le «Doodle» à haute dose pour tout planifier sans finir par péter les plombs, surveiller son compte en banque au début de chaque mois pour voir si son salaire a enfin été viré, produire du contenu à jet continu pour ne pas déplaire à Google, surtout ne pas trop prendre le temps de réfléchir, courir en permanence après les *likes*, courir tout le temps, objectif viralité, ne communiquer que par Skype ou via le chat de Gmail, même avec la personne que l'on aperçoit au bout de l'*open space*, avoir comme seul horizon le Graal IPO, ne jamais décrocher, vaincre le FOBO (*Fear Of Being Offline*, la peur d'être privé de connexion internet) ou le FOMO (*Fear Of Missing Out*, l'angoisse de rater quelque chose d'important), «gamifier» tout ce qui peut l'être, passer d'un *baby shower* à une *birthday party*, se goinfrer de fraises Tagada et autres bonbons Haribo au prétexte qu'ils sont mis gratuitement chaque matin à la disposition de tous, accepter une forme de précarité, être évalué à 360° en permanence, etc. Nul doute à ses yeux : «Le rêve promis n'est rien d'autre qu'un cauchemar.» Vous voilà prévenus !

Fort heureusement, ni ces exemples ni cette liste à la Prévert ne suffisent à résumer ou définir la planète startup, mais il est certain qu'un grand nombre de jeunes entrepreneurs et de leurs salariés reconnaîtront quelques-uns des excès dénoncés par Mathilde Ramadier. Au premier rang desquels ceux dont le talent est davantage utilisé pour inciter les gens à cliquer sur des bannières publicitaires que pour inventer de vraies réponses collectives et innovantes aux grands enjeux de la planète et de la société. Auxquels s'ajoutent pour certains l'incapacité à trouver leur place dans une entreprise flexible et dite « libérée », sans véritables chef, hiérarchie, directives ou consignes et où l'on peut travailler de chez soi sans passer pour un tire-au-flanc.

Le « startup management » reste à inventer

Illustration de cette critique au vitriol, le limogeage de Ron Gutman en mai 2018 par ses actionnaires et associés. Le célèbre fondateur de la MedTech HealthTap, qui s'était fait connaître par ses conférences Ted sur le pouvoir du sourire aux cinq millions de vues sur internet, ne semblait guère mettre en pratique sa théorie avec ses équipes, qu'il préférait harceler et intimider. Et que dire de l'emblématique Travis Kalanick, fondateur d'Uber, et de son management brutal et misogyne, l'obligeant lui aussi à quitter son entreprise sous la pression de son Conseil d'Administration ?

La multiplication actuelle des ouvrages qui vont à l'encontre de l'euphorie ambiante démontre que tout n'est pas toujours *so cool* de l'autre côté du miroir, et que la vie dans le « vieux monde » offre encore bien des avantages… De la même façon que l'influence croissante des nouvelles technologies sur nos vies et le pouvoir de manipulation que procurent les données inquiètent de plus en plus l'homme de la rue, la standardisation des cultures d'entreprise sur le modèle des seules startups commence à faire débat. Une excellente occasion pour les entreprises traditionnelles de reprendre la main et de mener leur transformation digitale en assumant leur ADN, leur histoire et leur âme plutôt qu'en les reniant.

Réinventer l'expérience collaborateur

Une opportunité aussi pour les startuppers de mettre à profit leur créativité pour inventer un « startup management » conciliant le meilleur des deux mondes dans tous les domaines clés : recrutement, formation, rémunération, organisation, partage de l'information, *empowerment*, travail collaboratif, incarnation des valeurs et de la culture, bien-être, droit à l'erreur, etc. Car pour le moment, il ne semble pas démontré que l'usage intensif d'outils tels que les réseaux sociaux, WhatsApp, Microsoft Office, Salesforce ou Slack suffisent à faire différemment ou à devenir une entreprise digitale.

Pour mener de front innovation technologique et innovation managériale, ils devront notamment accepter l'idée qu'être une jeune pousse et avoir peu de moyens ne les affranchit en rien de leurs obligations morales, sociales et citoyennes. A titre d'exemple, utiliser une armée de stagiaires ou de CDD à vie comme de la chair à canon, sans jamais leur offrir la moindre perspective, est indigne d'une génération qui prétend vouloir changer le monde. Justifier le fait de « devoir se serrer la ceinture parce qu'on est une startup » peut fonctionner quelque temps, mais gare au retour de bâton le jour où les équipes découvrent que les fondateurs ont vendu la boîte à un fonds d'investissement sans avoir jamais rien prévu pour qu'elles profitent à leur tour des bénéfices de l'*exit*.

Un nombre de plus en plus important d'entrepreneurs commencent à le réaliser, comme en atteste la part croissante des entreprises du numérique soucieuses de figurer dans le classement annuel *Great Place to Work*. A une époque où émerge le concept «d'expérience collaborateur», inspiré de l'expérience client (soit l'ensemble des moments de vérité qui jalonnent la vie d'un salarié depuis son embauche jusqu'à son départ de l'entreprise), inventer un nouveau modèle d'organisation et de management pourrait bien être le prochain challenge des startups.

Qu'elles le veuillent ou non. Sous la pression de sites tels que *Glassdoor* ou *Welcome to the Jungle*, qui évaluent en permanence l'attractivité de milliers d'entreprises sur une multitude de critères et regorgent d'informations sur les marques-employeurs, aucun dirigeant ne pourra plus faire le grand écart en toute impunité entre ses promesses, son discours et ses pratiques. Mais cela sera plus vrai encore pour les startups, dont la très grande majorité des collaborateurs sont des *millennials* qui ne pardonnent rien à leurs employeurs et ne leur laisseront pas le choix. Et que dire de la génération Z qui arrive sur le marché du travail?

Une excellente occasion pour ces nouveaux entrepreneurs d'appliquer en interne les recettes qui font leur succès en externe, auprès de leurs clients : collaboration, empathie, écoute, confiance, bienveillance, facilité d'usage, liberté, autonomie, respect, solidarité, etc. Il y a quelques années, Vineet Nayar nous invitait dans son best-seller *Les employés d'abord, les clients ensuite*[15] à considérer nos collaborateurs comme nos premiers clients. Malgré le succès de son livre, trop peu de dirigeants partagent aujourd'hui cette conviction, et ils sont encore moins nombreux à la mettre en pratique. Nous ne sommes donc qu'au début de l'invention d'un nouveau modèle *employee centric*, qui porte en lui les gènes de sa transformation permanente.

Après l'innovation numérique, l'innovation sociale et managériale ?

---

15. Diateino, 2011

Place au management « intrapreneurial »

« L'intrapreneuriat est une attitude, et non pas un département. »
Dawn Elyzabeth

Place au management « intrapreneurial »

Presque arrivés au terme de notre voyage sur la planète startup, il est temps pour moi de vous poser quelques questions vous concernant. Plutôt que d'envier la créativité et l'agilité de ces nouveaux concurrents surgis de nulle part et qui inventent des solutions qui étaient à la portée de vos équipes, pourquoi ne pas entamer une vraie révolution managériale et transformer vos collaborateurs en intrapreneurs ? Pourquoi ne pas reconnaître que votre entreprise a vieilli et pris du ventre, au point de n'être plus capable de faire son jogging matinal, ou de ne même plus en avoir envie ? Pourquoi vos équipes, traumatisées par l'intelligence artificielle ou le Big Data et assiégées par des bataillons de jeunes soldats affamés, se contentent-elles de croiser les doigts, en espérant « tenir jusqu'à la retraite » ? Pourquoi sont-elles aussi peu audacieuses et innovantes ? Pourquoi n'ont-elles pas au contraire l'envie de s'approprier les nouvelles technologies et de contre-attaquer ? Pourquoi ne sont-elles pas convaincues que combiner votre histoire, vos succès passés et votre ADN à de nouvelles façons de penser et de travailler serait la plus belle chose qui pourrait vous arriver ? Pourquoi vos troupes n'ont-elles pas envie d'écrire une nouvelle histoire à vos côtés, en s'appuyant à leur tour sur le meilleur de ce qu'offre la révolution numérique ?

Peut-être se disent-elles « après moi le déluge ! », dont vous conviendrez avec moi que c'est généralement le début de la fin. Au risque de vous choquer, j'ai envie de vous dire que tout (ou presque) est de votre faute, qui que vous soyez à l'heure où vous êtes en train de finir la lecture ce livre. Président, entrepreneur, fondateur ou repreneur, dirigeant salarié, cadre (dont Hervé Sérieyx aime rappeler que l'une des définitions est : « Une structure rigide qui entoure du vide »), manager, directeur, chef de service ou simple collaborateur sans aucune responsabilité managériale, peu importe ! Car chacun de nous, quel que soit le poste qu'il occupe, peut faire bouger les choses au niveau qui est le sien s'il en a l'envie et la volonté. Si vous baissez les bras face à l'adversité, si vous êtes convaincu que la bataille ne peut être engagée ni gagnée ou si vous pensez que votre retard n'est pas rattrapable, alors mieux vaut en effet racheter tous les trimestres qui vous manquent pour bénéficier au plus vite de votre retraite à taux plein et partir observer le spectacle blotti sous votre couette dans votre petit confort douillet.

Si vous pensez au contraire que le jeu en vaut la chandelle, alors rejoignez le mouvement intrapreneurial ! Apparu pour la première fois sous la plume du consultant Gifford Pinchot et de son épouse Libba en 1978, le mot intrapreneur recouvre une multitude de réalités, mais un seul état d'esprit. Contrairement à une idée trop répandue, devenir intrapreneur ne se limite pas à rejoindre un programme d'incubation développé par un nombre croissant de grands groupes. Intraprendre est un état d'esprit à la portée de chacun d'entre nous. Une formidable opportunité de vivre le frisson de l'entrepreneuriat sans devoir apporter sa maison à son banquier en guise de caution personnelle pour pouvoir démarrer ! Pour simplifier à l'extrême, le terme intrapreneur pourrait être une bonne traduction du mot startupper appliqué au monde du salariat : *Dreamers who do*. Des rêveurs qui agissent.

Certes, un président fondateur ne dispose pas des mêmes marges de manœuvre qu'un comptable, un vendeur ou un chef de produit. Mais lorsque le premier propose de tester un nouveau logiciel pour accélérer la digitalisation des factures, que le second repère une idée pendant ses vacances dans un magasin au bout du monde et qu'il suggère à son boss de l'implémenter à son retour, ou que le troisième met à profit sa maîtrise des réseaux sociaux pour produire des *Stories* rigolotes sur Instagram, tous se comportent en intrapreneurs. Le risque en moins et la sécurité de l'emploi en plus ! L'avantage est que tout le monde y gagne, car c'est toute l'entreprise qui se remet progressivement en marche. L'audace revient, et l'imagination reprend le pouvoir, le plus souvent à moindre coût. Les portes s'ouvrent et les talents se révèlent à tous les étages. Pour réussir cette révolution et se donner les meilleures chances de succès, il faut à la fois faire émerger un maximum de leaders et multiplier les intrapreneurs partout dans l'entreprise, tous métiers confondus. Fût-ce au détriment des managers, dont le nombre, le rôle et l'influence ne vont cesser de diminuer dans les années à venir au profit de l'intelligence collective, de l'autonomie et de l'esprit d'entreprise.

Des leaders, d'abord. Mais qu'est-ce qu'un leader ? La réponse n'est pas évidente, car le leadership recouvre d'innombrables réalités. Ce qui me frappe en y réfléchissant, c'est que l'on parle volontiers d'un leader politique, d'un leader d'opinion, du leader d'un marché, mais plus rarement du leader d'une entreprise ou d'une équipe, où l'on évoque plus souvent les mots de patron, dirigeant, directeur ou manager. N'oublions pas que dans leader, il y a *lead*, mener. D'où cette idée qui vient spontanément à l'esprit qu'un leader est le numéro un, celui qui fait la course en tête, celui qui guide. Mais il y a surtout l'idée de l'influence qu'il exerce naturellement sur les autres. Par sa vision, son autorité, sa compétence, son expérience, sa force de travail, son exemplarité, sa capacité d'écoute, son charme, son charisme, il fédère, inspire et mobilise. Il est celui qui montre le chemin, celui que l'on respecte, celui dont on apprend et celui que l'on a envie de suivre.

« Les gens oublieront ce que vous avez dit ou fait, mais ils n'oublieront jamais comment vous les avez fait se sentir », a dit un jour la poétesse américaine Maya Angelou. C'est sans doute ce qui différencie le leader du manager, dont le job aujourd'hui consiste moins à inspirer et animer qu'à faire fonctionner efficacement son équipe pour atteindre avec elle les objectifs qui lui sont assignés. Quand le manager tient son autorité de sa hiérarchie, le leader tient la sienne des membres de son équipe, qui le reconnaissent comme tel. Il a une vision et cherche à la partager autant qu'à la réaliser. C'est de lui que viennent les propositions et les initiatives. Centré sur les femmes et les hommes qui l'entourent, il propose et il influence. Bien sûr, leaders et managers ne pouvaient jusqu'ici rien l'un sans l'autre, et tous deux devaient apprendre à vivre en bonne harmonie, ce qui n'était pas toujours évident, tant un leader aime parfois jouer les trouble-fête et tant il est rare d'exceller dans les deux disciplines en même temps. Une réalité qui n'a jamais empêché un manager de devenir un leader, ou un leader de manifester des capacités managériales. Mais les temps changent, et vite. Et à l'heure où apparaissent de nouveaux modèles et se multiplient les communautés autonomes d'intérêts et de talents qu'il faut animer et faire vivre, les managers pourraient bien disparaître progressivement au profit des seuls leaders, à l'image de ce qu'expérimentent David Layani et ses équipes chez Onepoint.

Des intrapreneurs, ensuite. Un terme qui ne doit avoir aucune connotation hiérarchique, ni supposer que l'on possède un quelconque pouvoir sur les autres. Quiconque aime la découverte et l'exploration de nouveaux territoires (par définition inconnus et donc incertains) et met ce talent au service de l'entreprise dont il est salarié est un intrapreneur. Une lecture rapide des principales attentes des *millennials* envers leurs employeurs suffit à dresser la liste des priorités à vous fixer, si vous souhaitez rejoindre le mouvement et les attirer. Du sens et des valeurs (tout le monde rêve de changer, même un peu, le monde qui l'entoure). De la liberté (celle d'agir rapidement sans nécessiter moultes autorisations bureaucratiques ou délais incompréhensibles). Du courage (celui d'être différent et d'aller contre le système et l'ordre établi). Et enfin du soutien (que seuls procurent la confiance, le droit à l'erreur et la reconnaissance).

L'une des caractéristiques des intrapreneurs est leur capacité naturelle à s'auto-motiver, même quand leur management est défaillant, ce qui peut se révéler précieux dans bien des organisations ! A l'heure où les Français sont de moins en moins nombreux à pouvoir choisir eux-mêmes la façon d'atteindre les objectifs qui leur sont fixés et que 43 % des salariés affirment répéter continuellement une même série de gestes ou d'opérations, comme en atteste une étude de la DARES (Direction de l'Animation de la Recherche, des Etudes et des Statistiques) publiée en décembre 2017, il est urgent de changer de logiciel. La Société Générale semble l'avoir compris, en lançant un programme à l'échelle mondiale baptisé *Internal Startup Call*, ouvert à tous les collaborateurs du groupe. Objectif de Frédéric Oudéa : penser startup et donner à tous ceux qui le souhaitent les moyens de s'investir dans la construction de nouvelles activités en rupture et à fort potentiel, y compris au-delà des activités bancaires traditionnelles. Tout comme Nexity, avec son Startup Studio, dont l'objectif est d'inventer de nouveaux business. Même ambition chez Webhelp, quand son co-fondateur Olivier Duha ouvre son programme « Founders Mentality » à ses trente-cinq mille collaborateurs afin de conserver l'esprit entrepreneurial de ses débuts et limiter au minimum la complexité inhérente à la croissance.

Think Big. Start small. Scale fast. (Penser grand. Commencer petit. Grandir vite.) Rien n'est plus efficace pour susciter l'engagement et l'esprit d'entreprise que d'offrir un environnement où chacun ressent que tout est possible, que tout reste à faire, à l'image de la *can do attitude* caractéristique de la Silicon Valley. Cela suppose bien sûr la réduction au strict minimum des niveaux hiérarchiques et des process inutiles, mais aussi et surtout la liberté donnée à tous ceux qui souhaitent la saisir de «faire» sans demander la permission. Passer de la contrainte à l'envie, du doute à la confiance, de la sanction à la reconnaissance. Dans une chronique publiée par *Le Point* en août 2017, l'essayiste Idriss Aberkane estimait que rien ne vaut la peinture murale ornant l'entrée de la cafétéria de Google à San Francisco pour diagnostiquer le mal français: «Si vous voulez faire de grandes choses, il faut que vous arrêtiez de demander la permission». Pour lui, la légitimité est une question qui ne se pose jamais dans la Valley. La priorité absolue est donnée à la curiosité et à l'initiative. Et de citer Serge Soudoplatoff, habitué des lieux: «Toute innovation est une désobéissance.» En matière d'innovation, aucun diplôme, statut ou filiation ne confère davantage de légitimité qu'un esprit libre, capable d'esprit critique et d'auto-détermination. Bienvenue dans un monde émancipé de « *Makers* », pour reprendre le terme popularisé par l'entrepreneur Mark Hatch dans son livre *The Maker Movement Manifesto*[16].

Mettre en place une culture intrapreneuriale et un *purposeful leadership* (leadership qui donne du sens) suppose évidemment que les managers (de proximité, notamment) modifient dès aujourd'hui en profondeur la façon dont ils envisagent leur job, avant de pouvoir se transformer en leaders. Qu'ils reconnaissent que la marche du monde impose désormais de réfléchir à plusieurs et qu'ils acceptent d'être challengés, voire bousculés par ceux dont ils ont la responsabilité. Qu'ils abandonnent leur propension naturelle à décourager toute velléité d'initiative en sanctionnant systématiquement ceux qui ne réussissent pas. Rien de tel en effet pour encourager des attitudes du type « Pour vivre heureux, n'essayons rien ! ». Parmi les nombreuses qualités dont un « manager intrapreneur », futur leader, doit faire preuve à l'aube

---

16. Editions McGraw Hill Education, 2013

des nouvelles «années vingt» (et oui, déjà…), je vous en propose six qui me tiennent à cœur.

A une époque complexe et de grande incertitude, je vous ai déjà révélé celle qui est primordiale à mes yeux : savoir importer du stress, de la pression et des emmerdes et exporter de l'enthousiasme, de l'énergie et de l'optimisme. Toute personne à qui l'on confie une équipe doit être une usine de recyclage de problèmes en solutions, sans jamais faire peser sur quiconque le poids de ses responsabilités ou de ses difficultés.

La seconde est sa capacité à se comporter comme s'il était en partie propriétaire ou fondateur de l'entreprise et en prenant toutes les initiatives qu'il juge appropriées, sans se demander à tout moment s'il doit ou non en référer à son boss ou à quiconque. Faire appel en toutes circonstances à une valeur aussi ancienne que le bon sens fait encore des miracles à l'ère de l'intelligence artificielle !

La troisième est naturellement sa capacité à encourager, accepter, voire valoriser les échecs (les siens et ceux de ses équipes), sans lesquels personne n'apprendrait jamais rien. Mais aussi à protéger ses collaborateurs en cas de coup dur. Je suis de ceux qui pensent que si tout ce que vous avez entrepris a réussi depuis un an, c'est que vous n'avez pas été assez audacieux, ni pris assez de risques. N'oublions jamais que « le succès consiste à aller d'échec en échec sans jamais perdre son enthousiasme », ainsi que l'écrivait Churchill.

La quatrième est sa capacité à s'entourer de gens plus grands que lui et à attirer de fortes personnalités. Trop souvent dans les entreprises, l'embauche consiste à embaucher plus petit que soit, à l'image des poupées russes, histoire que personne ne vous fasse jamais d'ombre. C'est oublier que « quelle que soit la longueur de la piste de l'aéroport, le cochon ne s'envole jamais », comme aime le rappeler le conférencier Hervé Gougeon, et que la contrainte donne (ou révèle) toujours du talent.

La cinquième consiste à ne jamais oublier que le manque de reconnaissance est le principal reproche qu'adressent les Français à leurs dirigeants, et à réapprendre à dire merci et bravo aussi souvent que nécessaire. Le succès est toujours celui d'une équipe, et il faut savoir le reconnaître, le partager et le célébrer.

Last but not least, la dernière qualité indispensable consiste à propager autour de soi une contagion émotionnelle positive à travers les mots que l'on emploie, et à être aussi souvent qu'on le peut un émetteur de bonnes nouvelles. Exit donc les « On a toujours fait comme cela », « Le problème, c'est que », « C'était mieux avant », « Ça ne marchera jamais », « Pourvu qu'il ne m'arrive rien », « Ce n'est pas de ma faute » et autres « Vivement la retraite », que je dénonçais déjà dans mon livre *Ne me dites plus jamais bon courage !*[17].

Si vous partagez ma conviction que nous pouvons tous être acteurs du changement, mesurez honnêtement votre degré d'adhésion à chacun de ces six principes et tentez de les mettre en œuvre le plus rapidement possible. Vous serez surpris de constater à quelle vitesse l'intrapreneuriat peut être efficace et contagieux.

---

17. Ventana Editions, 2013

Conclusion

« Je ne nie pas l'adversité, mais je refuse d'y voir une fatalité. »
Auteur inconnu

Conclusion

« *Customers determine our success. Stay lean and go fast. Learn and adapt to win. Empower and inspire each other. Deliver results in an uncertain world.* » (Ce sont les clients qui font notre succès. Soyez frugal et agissez rapidement. Apprenez en permanence et adaptez-vous pour gagner. Partagez le pouvoir et inspirez-vous les uns des autres. Obtenez des résultats dans un monde incertain.) Comment mieux résumer en conclusion le message que nous adressent les startups qu'à travers ces cinq « croyances » dévoilées en août 2014, non par l'une d'elles, mais par General Electric, à l'occasion d'une convention de son top management ? Oui, vous avez bien lu, GE, une vieille dame de presque cent trente ans qui s'obstine à ne pas vouloir prendre une ride ! Preuve que rien n'est écrit, et que la taille ou l'âge importe désormais moins que la vitesse, l'agilité et notre capacité permanente de remise en cause.

Que ces principes aient été formulés en ces termes par l'un des plus vieux et des plus puissants groupes industriels au monde, en dit long sur l'influence qu'exercent aujourd'hui les startups sur l'économie du 21ème siècle. Leur culture, leurs codes, leur langage, leur habileté, leur créativité, leur audace et la puissance que certaines d'entre elles sont en train d'acquérir modifient en profondeur l'exercice du métier d'entrepreneur et de dirigeant, son rôle et la nature de sa réflexion stratégique. Aucun chef d'entreprise au monde ne peut plus prendre le risque ou faire mine de l'ignorer, tant son métier devient complexe et son environnement incertain.

C'est pourquoi j'aimerais, avant de vous laisser reprendre le cours de votre vie, vous livrer quelques dernières réflexions. Personne n'aime travailler dans une entreprise ringarde, acheter des produits démodés ou rejoindre une équipe vieillissante. C'est pourtant ce qui menace votre entreprise, si vous refusez de prendre part à la révolution numérique et sociétale en cours. A l'heure où nous sommes passés de la société du besoin à la société du désir, être dans la moyenne en toutes choses et n'offrir aucune aspérité particulière à vos clients est synonyme de déclin rapide. Quels que soient votre âge, votre métier ou votre expérience, il est urgent de modifier rapidement votre grille de lecture des mutations en cours. Abandonnez vos peurs, et ne succombez pas au discours ambiant consistant à énumérer les menaces plutôt qu'à entrevoir les opportunités.

Forcez-vous à mettre le nez dehors, à vous étonner, à lire, à comprendre ce qui se cache derrière des technologies ou des méthodes qui peuvent paraître aussi hermétiques que *Growth Hacking*, intelligence artificielle, *deep learning*, Big Data, Bitcoin, *voice recognition* ou blockchain. Tout va si vite qu'accrochage numérique de vos équipes (comment former aux nouvelles technologies ceux qui en sont le plus éloignés) et décrochage (comment ne pas perdre pied quand on les maîtrise déjà) sont autant de défis qu'il convient de relever simultanément. Améliorez votre culture digitale par une meilleure compréhension et un meilleur usage privé et professionnel des outils, dont l'évolution est si rapide que même les startups les plus pointues risquent la sortie de route si elles ne font pas les bons choix techniques au bon moment. Comprenez qu'il ne s'agit nullement de science-fiction ou d'échéances lointaines, mais bien de la réalité d'aujourd'hui et des mutations qui vont profondément marquer l'époque passionnante dans laquelle nous sommes tous entrés de plein pied. Multipliez les rencontres et les expériences, et apprenez à surfer sur la vague qui arrive plutôt que de vous laisser submerger par elle !

Mais ne croyez surtout pas qu'il suffise d'injecter de la technologie pour réussir votre transformation numérique. C'est même probablement la partie la plus facile de ce qui vous attend. Il suffit pour cela d'embaucher les bonnes personnes et de faire les bons choix technologiques avec les bons partenaires et le bon compte en banque ! Si vous êtes dirigeant d'entreprise ou manager d'une équipe, quelle que soit sa taille, votre priorité est de repérer et de mobiliser à tous les niveaux de l'entreprise le talent et la créativité de tous vos collaborateurs au service d'une vision inspirante et partagée. J'ai conscience que vous ne parviendrez jamais à transformer chacun d'entre eux en un véritable intrapreneur. Ce n'est pas grave. C'est même probablement une bonne chose, car votre vie deviendrait vite épuisante, tant ils sont naturellement rebelles et difficiles à manager. Mais vous découvrirez rapidement combien ils sont aussi précieux, et désormais indispensables. Efforcez-vous donc d'embarquer le plus grand nombre possible de vos collaborateurs dans l'aventure, et assurez-vous qu'aucune bonne volonté et aucun talent ne sommeille proche de vous, dont la créativité et l'énergie ne demandent qu'à être mobilisées au service de votre vision.

Loin de moi l'idée de penser que tout le monde peut devenir intrapreneur (et moins encore entrepreneur), ou que l'esprit d'entreprise est la réponse à tous les défis qui s'annoncent. Mais il est certain que son absence signe la mort de la plupart de nos ambitions. C'est pourquoi votre job doit être de tout mettre en œuvre pour permettre à une multitude de mini-startups internes de fonctionner efficacement, et à un maximum de bonnes volontés de les rejoindre au fil de l'eau en toute confiance. De créer des ilots de liberté, et de faire comprendre à tous vos collaborateurs que leur job est d'apprendre en permanence des choses nouvelles. De reconnaître que les meilleures idées viennent des endroits les plus inattendus. Cela suppose des règles du jeu claires et respectées par tous, et notamment par le management intermédiaire, qui va devoir abandonner certains réflexes de blocage et d'auto-défense. Pour qu'ils continuent à jouer un rôle clé dans les années à venir, expliquez à vos managers qu'ils vont devoir peu à peu se transformer en leaders.

Ce qui est en train de se produire sous nos yeux n'est autre que le début d'un monde si nouveau et si différent qu'aucune organisation, aucune façon de faire, aucune méthode, aucune recette ne peut plus être considérée comme définitive. Tout peut et tout doit être remis en question régulièrement, même et surtout quand cela commence à bien fonctionner. C'est fatigant, mais préférable à la perspective d'assister trop vite à son propre enterrement. Et cela concerne les entreprises traditionnelles autant que les startups. Car en grandissant, celles-ci vont être inévitablement confrontées aux mêmes problèmes que leurs aînées : confort, recul de l'innovation, bureaucratie, rivalités personnelles, manque d'appétit, etc.

Pour finir, j'aimerais vous rappeler que le temps n'est plus aux sociétés d'experts isolés dans des silos et des organisations pyramidales, respectant les process à la lettre, managés à un rythme de sénateurs par des armées de soldats aux ordres, passant la moitié de leur vie en réunions inutiles, aux yeux desquels l'échec n'est pas une option et qui sont obsédés par l'image qu'ils renvoient à leur hiérarchie. L'avenir appartient à des mini-collectivités d'intrapreneurs cross-fonctions obsédés par la satisfaction de leurs clients qui opèrent en toute transparence, expérimentant rapidement en prenant des risques, commençant petit et rêvant grand, qui voient dans chaque échec une source inépuisable d'amélioration et qui se moquent de leur réputation auprès de leur chef.

Si vous vous reconnaissez dans la première catégorie, restez en *slow motion* (ralenti) et soyez assurés que vos jours sont comptés. Mais si vous choisissez la version *time lapse* (accélérée), laissez les jeunes prendre le pouvoir dans votre entreprise, privilégiez la vision, l'agilité et le collectif, préparez-vous à d'innombrables transformations successives et apprêtez-vous à vivre des années aussi rock and roll que passionnantes.

Je vous laisse y réfléchir…

A vos marques. Prêts ? Startup !

Composition : Soft Office

Achevé d'imprimer en France
sur les presses de Jouve
1, rue du Docteur Sauvé, 53100 MAYENNE
Dépôt légal : août 2018
N° d'impression : 2763370E